BEBÉS ROBADOS DE ESPAÑA: EL LIBRO

Verdad. Justicia. Reconciliación.

Greg Rabidoux
Mara Lencina
Enrique Vila Torres

Traducción de Maravillas Lencina.

Primera Edición (español): Noviembre 2020
Primera Edición (inglés): Marzo 2020
Biblioteca del Congreso Número de Control: 2020920660
ISBN en tapa blanda 978-1-7352716-1-3
ISBN en tapa dura 978-1-7352716-2-0

Diseño de las tapas por Greg Rabidoux y Valentin Lencina-Rabidoux

Impreso en EE. UU. por Stolen Babies of Spain, LLC
Myrtle Beach, South Carolina
www.stolenbabiesofspain.com
www.facebook.com/stolenbabiesofspain
www.imdb.com/title/tt11219178/

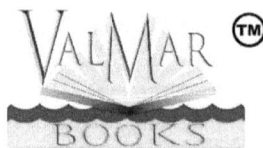

Este libro está dedicado a todas las víctimas de robo de bebés de España y de todo el mundo, a sus familias y seres queridos, quienes, a pesar de las bajas probabilidades de encuentro y la indiferencia y oposición oficiales, continúan buscando la verdad, la justicia y la reconciliación. Que todos sean bendecidos en su búsqueda y encuentren paz y tranquilidad al final del arduo trayecto.

"Han sucedido muchas cosas desde que comencé mi viaje para descubrir mis verdaderos orígenes y Mara y Greg estuvieron allí en los momentos cruciales justo antes, durante y después del juicio del Dr. Vela en el 2018. Estoy orgullosa de ser parte de su documental y este libro. Espero que a medida que más personas en todo el mundo vean su película y lean este libro, comprendan no solo lo que sucedió en España, sino que ayuden a difundir los hechos para que las víctimas puedan conseguir de una vez por todas la verdad, la reconciliación y la justicia que buscan.

Tan sorprendentes, tristes e increíbles como son las historias que aparecen en este libro, recuerde que podría haberle sucedido a cualquiera. Por favor, comparta este libro con alguien al que ama."

Inés Madrigal
Víctima y presidenta de la Asociación de Bebés Robados de Murcia

"Como presidenta de la Asociación de Bebés Robados de Alicante, este libro es de vital importancia para ayudar a llevar al público las historias de víctimas de todas partes. Los casos compartidos en Bebés robados de España: El documental y aquí, en forma escrita, pueden ser sorprendentes, ¡pero la gente necesita saber la verdad!"

María José Picó
Víctima y presidenta de la Asociación de Bebés Robados de Alicante

"Primero le conté mi historia a Mara en una concentración de víctimas de robo de bebés en Valencia en el 2018. Estaba contenta y agradecida por la oportunidad de contar mi historia, ahora me siento orgullosa y espero que mi experiencia pueda ayudar de alguna manera a otros a descubrir su propia verdad y obtener la justicia que todos buscamos."

Paqui Bria
Víctima

"Cuando Greg, Mara y su equipo llegaron a Cádiz para filmar dos exhumaciones y me pidieron que compartiera la búsqueda de mi hermana, supe que querían descubrir la pura verdad y ayudarnos a todas las víctimas. Este libro es otro paso en ese importante camino hacia la verdad."

Chary Herrera
Víctima y presidenta de la Asociación de Bebés Robados de Cádiz

"Este libro, junto con la película del mismo título, son valiosos medios para ayudar y fortalecer a las víctimas de todo el mundo, dar visibilidad a la Causa y a la vez, una viva contribución de la lucha para reivindicar y exigir justicia. En la película, agito con fuerza unos cencerros (o campanas) al paso de la multitud y así, despertar sus mentes y su atención para que se detengan ante nuestros carteles de búsquedas. Es realmente gratificante y emocionante ver la respuesta solidaria de la gente que se sensibiliza y firma nuestras peticiones inherentes a la defensa de los valores y la dignidad humana. Sin duda, este libro que narra nuestra lucha por la verdad es el broche final de esta gran obra que te llega al corazón."

Antonio Iniesta
Víctima

"Aunque no pude estar en la película, estoy orgullosa de ser parte de este libro. Compartir mi historia, junto con tantos otros que están buscando y con un perfil aquí, nos da esperanza y todos estamos agradecidos por cada persona que lee sobre nuestra lucha."

Eva Páramos
Víctima

"Mara, Greg y Valentín vinieron a nuestra casa y nos filmaron a mi madre y a mí compartiendo la historia de nuestra búsqueda, de su hija y mi hermana. Nos complace que este libro proporcione otra forma de dar visibilidad a las víctimas."

Mari Feli Navalón
Víctima

Índice

Prefacio

Comenzó, al menos para nosotros, con una llamada telefónica y una pregunta.

¿Estaría dispuesta tu madre a hablar con Mara, que estaba investigando historias de bebés robados en España como parte de su tesis doctoral para una universidad en Estados Unidos?

"No sé", respondió su hija, "a ella realmente no le gusta hablar de lo que sucedió. Todavía le duele mucho incluso pensarlo. Aunque supongo que no hay nada de malo en preguntarle."

Más tarde ese verano y luego nuevamente para nuestras cámaras en el verano del 2018, su madre, Paquita, nos contó lo que sucedió. Y siempre le estaremos agradecidos a ella y a todas las maravillosas madres, padres, abuelos, hijas e hijos, hermanas y hermanos, tías y tíos que desde entonces han hablado con nosotros y han compartido sus historias personales de separación, lucha y traición. Algunos optaron por hacerlo voluntariamente frente a la cámara, mientras que la mayoría eligieron ser entrevistados solo para este libro. Aun así, algunas víctimas compartieron su dolorosa historia con nosotros, pero solo con la condición de anonimidad por temor a represalias por parte de quienes están en el poder, y de quienes están convencidos que aún quieren mantener la verdad escondida y enterrada. Hemos hecho todo lo posible para cumplir con sus deseos.

Hemos realizado más de 300 entrevistas en los últimos 5 años. Las víctimas conocidas y aquellos con casos nuevos para nosotros continúan contactándonos casi todas las semanas, hasta la publicación de este libro, para contarnos sus historias. Después de reflexionar, seguimos impactados por el coraje, la persistencia y la humanidad de todas las víctimas y sus seres queridos. Todavía nos asombra todo por lo que han pasado, y el dolor, la frustración y sí, la esperanza, que todavía sienten mientras continúan buscando la verdad, la justicia y la reconciliación en un sistema decidido a luchar contra ellos en cada paso del camino.

Mientras viajábamos por España filmando *Bebés robados de España*, nos encontramos con víctimas en reuniones públicas como manifestaciones, protestas, asambleas, marchas, eventos deportivos, cafeterías y eventos religiosos, tanto solemnes como felices. También nos reunimos con varias víctimas en entornos más privados donde nos invitaron y nos hicieron sentir no solamente bienvenidos, sino como parte de la familia. A pesar del gran dolor que sienten, siempre nos abrazaron calurosamente. Cada víctima hizo todo lo posible para que nos sintiéramos cómodos cuando nos abrieron sus corazones, hogares y álbumes de fotos familiares.

Aunque muchos nos han agradecido nuestra ayuda para contar su historia al mundo, somos nosotros, los que les estamos eternamente agradecidos.

De hecho, nos sentimos realmente honrados por la confianza y la fe que han depositado en nosotros y en nuestro trabajo.

Lo que sigue en los próximos capítulos es nuestro esfuerzo de buena fe para compartir sus historias, sus luchas y sus sueños con cada uno de ustedes, los lectores. Al final, esperamos que un mundo más informado y consciente pueda ayudar de alguna manera a estas familias a encontrar la verdad, la justicia y la reconciliación que buscan. Y que finalmente, cada uno de ellos pueda cerrar sus heridas.

En toda España, ya sea al este, oeste, norte o sur, ninguna región, provincia, ciudad, pueblo o aldea parece inmune a esta tragedia. Ninguna familia parece no verse afectada por el robo de bebés que ya lleva extendiéndose y sin resolución más de seis décadas.

De hecho, ninguna parte de España ha quedado intacta o sin contaminarse por estos crímenes. Seguimos sorprendidos por lo inquietantemente similares que son las historias de engaño, fraude y robo de los seres queridos de las personas entrevistadas. Y no importó con quién hablamos ni dónde vivían en España. Las historias contadas y las lágrimas derramadas eran reales y demasiado familiares.

Son historias llenas de relatos muy humanos de confianza traicionados por médicos, enfermeras, sacerdotes y políticos. De los casos cerrados por los fiscales a pesar de la abrumadora evidencia de lo contrario. De una búsqueda interminable que solo conduce a más mentiras, más engaños y más frustración.

Los expertos y asociaciones cifran en más de 300.000 el número de víctimas de robo de bebés. Cifra que consideran muy conservadora, porque muchos creen que este número es aún mayor. Y el número crece exponencialmente en términos de las familias y amigos a los que estos robos afectan y siguen hiriendo, perjudicando y causando gran dolor emocional.

Estos son crímenes sin un fin aparentemente cercano y de absoluta depravación moral, tienen la capacidad de causar dolor y sufrimiento a personas de todas las edades, todos los géneros, todas las generaciones.

En los próximos capítulos, también conocerá de cerca y personalmente a varias de las víctimas a un nivel nunca compartido con los lectores. Estas son sus historias en sus propias palabras. Y estamos agradecidos por su confianza y disposición para compartir con nosotros y ahora con usted, su lucha. Muchos han sido honestos sobre el miedo que sienten al contar sus historias públicamente. Temen represalias por simplemente decirle al mundo la verdad: que su propio gobierno, su iglesia, sus médicos les mintieron, encubrieron la verdad y continúan suprimiendo evidencia y bloqueando el camino hacia la justicia.

Temen perder sus empleos, sus medios de subsistencia, tal vez incluso sus propias vidas mientras persiguen el camino hacia el descubrimiento.

Pero, aun así, nos cuentan sus experiencias.

"¿Qué más pueden quitarme?" pregunta a una víctima, "que aún no me hayan quitado?"

También apreciamos mucho las contribuciones de Enrique Vila a este libro. Autor, abogado y víctima, comparte por primera vez detalles previamente no revelados de varios de sus casos que ha manejado en nombre de víctimas de bebés robados como él, tanto en España como en los Estados Unidos. Durante casi tres décadas, el Sr. Vila ha presentado casos en nombre de víctimas de bebés robados. En el 2011, él y un colega presentaron una demanda colectiva citando 261 de estos casos ante el Fiscal General del Estado. La primera presentación de este tipo en la historia de España.

Hoy, él continúa abogando por las víctimas a nivel mundial. Recientemente tuvo una reunión personal con el Papa Francisco para convencerlo de que abra los registros de adopción de la Iglesia Católica en España y llevó un caso ante el Comité de los Derechos del Niño de las Naciones Unidas, también el primer caso de este tipo.

Pronto sabrá más sobre su historia y algunos de sus casos de bebés robados más dramáticos.

Pero en este momento, pasemos la página y en el Prólogo, le presentaremos a algunas personas muy valientes cuya determinación de descubrir la verdad contra viento y marea los convierte en todo menos víctimas.

Prólogo

La Mafia.

Esa es la palabra que las víctimas usan para describir la red criminal que les robó a sus bebés al nacer.

No es la mafia en la que muchos, especialmente en Estados Unidos, piensan cuando escuchan esta palabra. No, la mafia española no es como la glamorosamente representada en Hollywood, de esa forma tan particular hollywoodiense que se puede apreciar en películas de gran éxito como *El Padrino*. (1)

Por lo menos, la mafia en esas películas pagaba tributo a las instituciones supuestamente respetadas, como son la familia, la fe y la protección de los "suyos".

En España, esta mafia o red criminal destrozó familias, explotó la fe ciega de los seguidores para traicionarlos y se aprovechó de los miembros de su propia sociedad. Todo el tiempo fue ayudada e incitada por la Iglesia Católica. La iglesia estaba ansiosa por recuperar su poder e importancia, que se había deteriorado mucho bajo la progresiva Segunda República (1931-1939) antes de la Guerra Civil española. Y si esto significaba sacrificar parte de su propio rebaño en el altar de la corrupción organizada, pues que así fuera. (2)

Como Sor María de la clínica de Santa Cristina en Madrid comentó: "No hicimos nada malo. Respondíamos a una orden superior". (3)

¿La mafia de Hollywood? En España, los hechos reales fueron aún más crueles e inhumanos que la ficción.

¿Pero por qué robar bebés? ¿Por qué esta red mafiosa conspira y se compromete a robar y vender los bebés de sus semejantes?

Como aprenderemos más en el *Capítulo 1*, inicialmente, fue por razones políticas e ideológicas. Robar bebés era una forma de castigar y destruir a los sobrevivientes sospechosos de simpatizar con los vencidos republicanos españoles que lucharon contra las fuerzas nacionalistas de Franco durante la Guerra Civil española.

Inspirado por la eugenesia nazi y dirigido por psiquiatras como Antonio Vallejo-Nágera, que confiaba en gran medida en la pseudociencia para justificar estas políticas destructivas, el objetivo siempre fue erradicar y eliminar todo "gen rojo" sobreviviente o cualquier indicio de ADN socialista desleal a Franco en la nueva sociedad emergente española. La creencia era que cualquier tendencia socialista era deficiente mental y debería desaparecer para no volver nunca más. Y si era necesario "redistribuir" miles de bebés españoles robados a sus padres biológicos "moralmente deficientes" y "en quiebra ideológica" para mejorar España, entonces que así fuera. Como Vallejo-Nágera a menudo decía a sus compañeros españoles, "después de todo, era la voluntad de Dios en la tierra". (4)

Poco a poco, sin embargo, los motivos genéticos y políticos siniestros detrás de estos crímenes horribles se transformaron en lo que los crímenes casi siempre parecen ser. Codicia. Una lujuria insaciable con fines de lucro. El robo de bebés se convirtió en un negocio en auge en una España emergente de la posguerra. Y aquellos en la red de la mafia se volvieron gordos, ricos y felices. Todo a expensas de una sociedad ingenua, confiada y dolorosamente obediente.

Los españoles habían sido condicionados a confiar y obedecer el uniforme y a quienes lo usaban, ya fueran los militares o la iglesia. Hicieron lo que se les dijo, y les costó. Caro.

Como un cáncer, esta célula criminal de la mafia se propagó rápidamente. Sin un principio o final claramente definido, continuó creciendo, y a la par, desafiando la captura y evadiendo la condena penal.

Hasta el día de hoy todavía lo hace.

6

Esta es una mafia que implica a médicos y enfermeras, monjas y sacerdotes venerados, líderes gubernamentales y burócratas respetados. Sus tentáculos conectan a todos, desde sepultureros, funerarias, técnicos de laboratorio de ADN, o conductores de taxis a quienes se les paga por transportar ilegalmente bebés robados, funcionarios de alto nivel, hasta Roma y al Papa posado en su trono en el Vaticano.

Las víctimas han señalado con su dedo acusador durante las últimas décadas a estas personas y a más, ya que todas forman parte y juegan un papel en esta red criminal concebida con el propósito de robar y vender a sus bebés en España y más allá de sus fronteras con grandes fines de lucro. O bien tomaron parte activa o sabían de la red y fueron cómplices de estas violaciones y crímenes de derechos humanos en curso. "No sé cuál es peor", nos dijo una víctima de bebé robado.

¿Los objetivos principales de esta mafia?

Las madres solteras, la clase trabajadora, las personas con bajo nivel de educación, las mujeres maltratadas, las ya victimizadas. En resumen, todos aquellos que apenas podían defenderse.

No es una empresa pequeña, la evidencia continúa aumentando, lo que ubica el número de bebés robados en más de 300.000. Ahora multiplique ese número por docenas, cada uno de los cuales representa a todos los miembros de la familia victimizados. A continuación, incluya a todos los miles de bebés robados que estamos comenzando a darnos cuenta que van caminando por el mundo sin ni siquiera saber que no son quienes piensan, quiénes les han dicho que son, y en una nación, España, de solo 47 millones de habitantes, comienzas a comprender cuán vasta es esta red criminal, esta mafia.

Mientras que muchos bebés robados se vendieron dentro de España, miles más fueron ilegalmente sacados del país. España se

7

hizo conocida en el mercado negro como la "fábrica de bebés para el mundo". (5) Los bebés españoles fueron llevados a lugares como los EE. UU., Puerto Rico, México, Argentina, Chile, a cualquier lugar del mundo donde hubiera una demanda que la red asegurara poder suministrar. Por el precio correcto.

Hoy, a través del fácil acceso a la tecnología y las pruebas de ADN nuevas y asequibles, algunos de estos bebés robados, ahora adultos, están comenzando a descubrir la verdad. Muchos aún no sospechan que ellos también fueron víctimas de nacimiento. Esta es su historia también.

¿Es todo esto un artefacto histórico? ¿Quizás, un capítulo terrible de un pasado distante y dictatorial?

Apenas.

Como veremos pronto, si bien el robo de bebés por esta mafia pudo haber comenzado después de la Guerra Civil española por motivos eugenésicos punitivos e inspirados por los nazis, no se detuvo ni disminuyó a medida que pasaron las décadas. No, en realidad empeoró.

Pero antes de continuar, abrumadoramente, las víctimas de bebés robados en toda España, ahora adultos, no quieren ser conocidos solo como estadísticas anónimas o por sus números de expediente, sin cara, sin identidad.

Con eso en mente, honramos su solicitud ahora al conocer brevemente a algunos de los miles en toda España que buscan justicia, como personas reales. Como usted y yo.

Ascensión era como muchos otros niños de su edad. Le gustaban los libros, no le gustaba tanto la escuela, disfrutaba de sus amigos y adoraba a su padre. Hija única de padres mucho mayores de lo normal, siempre supo que era la "niña de papá", pero respetó y obedeció a su madre, que era la más estricta de los dos.

Cuando Ascen tenía tan solo 10 años, su padre cayó enfermo. Ella se sintió mal porque no podían pasar tanto tiempo juntos como antes, pero esperaba con ansias el día en que él mejorara. Pronto, esperaba, las cosas seguirían igual que antes. Lamentablemente, ese día nunca llegó. Una tarde, Ascensión llegó a casa de la escuela y encontró a familiares y adultos que no conocía reunidos en su casa. El estado de ánimo era sombrío y tenso. Le advirtieron "No entres en la habitación". Pero como la mayoría de los niños de 10 años, ella hizo todo lo contrario. Allí, encontró a su amado padre acostado en reposo en la cama. "El cuerpo todavía estaba caliente", recuerda. Sollozando y abrumada por el dolor, una tía de confianza entró en la habitación y espetó: "¿Por qué lloras tonta?" A través de sus lágrimas, Ascensión miró a su tía desconcertada. "Ese hombre", continuó su tía, "ni siquiera era tu padre, fuiste adoptada".

Años más tarde, Ascensión, ahora adulta y madre, descubriría que su padre era miembro de la *Falange*, una unidad militar temida, brutal y de élite que sirvió al dictador Franco. (6) Como resultado de una investigación privada, también se convenció de que se la habían robado a su madre biológica cuando nació y fue vendida a los padres con quienes creció pensando que eran sus verdaderos padres.

¿Y quién facilitó la adopción ilegal?

Ascen dice que la evidencia que posee muestra claramente quién era, y lo dijo en televisión en España.

¿Por qué, entonces, no es Ascen una víctima bebé robada, y en su lugar es la parte culpable que se enfrenta a la cárcel por presentar su verdad?

Paquita era, como ella dice, "una mujer fuerte".

Cuando era joven y estaba a punto de dar a luz, su médico le dijo que era "dura". Le dijo a Paquita que le gustaban las mujeres que eran sufridas y no "quejicas" como tantas mujeres embarazadas que veía todos los días. Mientras estaba sentada esperando en una pequeña habitación en un ambulatorio en Alicante, España, rompió aguas. Sabía que era solo cuestión de momentos antes de su parto y pidió ayuda. Como un carnicero en una tienda de embutidos de la ciudad de Nueva York, la enfermera gritó: "¿Cuál es su número?" Paquita respondió: "el 47". "Pues espera tu turno y no te quejes", le dijeron.

Cuando finalmente le tocó su turno, el médico la mandó al hospital. Allí Paquita dio a luz no solo a uno sino a dos bebés, dos mellizas. Le dieron permiso para sostener a una de las bebés recién nacidas, mientras que las enfermeras ayudantes tenían a la otra más alejada de ella. Más tarde, mientras las enfermeras preparaban a las dos bebés para bañarlas, oyó una exclamación: "mira esta, qué preciosidad, pero mira esta, qué birria".

Un poco más tarde, una de las enfermeras se acercó a Paquita con algunas noticias impactantes. Una de las bebés, "la preciosa" había muerto. Sin explicación, sin detalles. No le permitieron ver al bebé. "Eres joven", le dijeron, "siempre puedes tener más".

Cuando la madre de Paquita llegó a visitarla esa tarde, le agarró le mano y le suplicó: "Por favor, mamá, saca a mi bebé de aquí antes de que la maten también".

Más tarde, cuando Paquita y su esposo reunieron el coraje de abrir la cajita en la que supuestamente el hospital había colocado a la bebé melliza muerta, se encontraron nuevamente con noticias impactantes.

Clara solo tenía 15 años cuando se convirtió en madre. Ya víctima de abuso doméstico a manos de un padre alcohólico, Clara estaba bajo el control de custodia del estado, ya que sufrió un embarazo con efectos secundarios físicos devastadores. El día en que iba a dar a luz, recuerda que la colocaron no en una ambulancia sino inexplicablemente, en el asiento trasero de un taxi. Le dieron lo que parecía una aspirina. "Toma esto", le dijeron, "te relajará". Lo siguiente que recuerda Clara fue despertarse en la cama de la clínica de un hospital cuando ya había dado a luz. "Tuviste complicaciones", fue cortantemente informada. El bebé que has tenido ha muerto. Y no puedes quedarte aquí".

Poco después de dar a luz y de ser informada de que su bebé había muerto, en estado de shock y sangrado, Clara, en sus propias palabras, "salió a la calle con las manos vacías".

Contemplando el suicidio en una estación de tren de Barcelona, un extraño, que vio sus intenciones, se acercó y le recordó a la joven Clara que valía la pena vivir y que, aunque a veces atravesemos momentos oscuros, la vida es maravillosa.

Años más tarde, Clara, ahora casada y con tres hijos, recuerda haber recibido una llamada que inicialmente pensó que era una broma insípida y cruel. "Tu bebé no murió", le dijeron. "De hecho, tuviste una niña, no un niño, y ella te ha estado buscando por mucho tiempo".

Después de desmayarse, Clara se enderezó con la ayuda de su esposo. Lo que siguió a continuación hace que la mayoría de las "telenovelas" que vemos en la televisión parezcan insulsas en comparación. A pesar de las amenazas contra ella y su familia, Clara promete nunca ser silenciada en su incesante búsqueda de justicia. Incluso si eso significa desenmascarar a una conocida ministra española de alto rango a quien ella afirma, mintió y la defraudó cuando estaba bajo custodia legal del estado.

Paqui Bria o simplemente "Paqui", como la llaman su familia y amigos, fue llamada algo muy diferente por sus compañeros del colegio. La llamaban cruelmente una variedad nombres, desde "malnacida" hasta "hija de puta", añadiendo que ella nunca sabría quiénes eran sus verdaderos padres. Un día, llegó a casa llorando, Paqui le preguntó a su madre si había algo de verdad en lo que los niños decían en la escuela. ¿Era verdad que ella era, como la llamaban los niños, una hija de puta? y que ni siquiera conocía a sus verdaderos padres. Ignóralos, le dijo su madre. Los niños pueden ser malos. Todo son simplemente mentiras. Pero los insultos y las preguntas sobre su propia identidad persistieron. Finalmente, poco después de cumplir 15 años, su madre admitió lo que Paqui había comenzado a creer lentamente. Ella fue adoptada. Fin de la historia. Pero la "verdad" que su madre admitió no era toda la verdad. Tampoco fue el final de la historia. Hubo más. Años más tarde, cuando estaba a punto de casarse, Paqui solicitó una serie de documentos oficiales para establecer legalmente su nombre formal y linaje familiar. Lo que descubrió continúa dando forma a su vida adulta y alimenta su impulso para descubrir toda la verdad. De una vez por todas. "No importa cómo termine la historia", dice Paqui.

Aunque nunca se hayan conocido, **Raquel** y **Magaly** están conectadas para siempre. Comparten un vínculo único que se remonta a cuando eran bebés, y ambas estaban bajo el cuidado de *la inclusa*. Este es un notorio orfanato en Madrid que se ha enfrentado a numerosas alegaciones de fraude, engaño y facilitación de adopciones de bebés robados en las últimas décadas. Tanto Raquel como Magaly fueron etiquetadas como bebés "abandonadas" antes de ser adoptadas. Hoy, ambas han descubierto evidencia que disputa fuertemente esta afirmación de la inclusa.

Raquel comenzó a buscar a su madre biológica cuando era una adolescente. Lo que nunca hubiera imaginado es que unos 30 años después todavía estaría tratando de descubrir la verdad sobre su adopción en España y su posterior transporte ilegal a los Estados Unidos. Ahora, casada con sus propios hijos y residente de la Ciudad de Panamá en Florida, Raquel siente en su interior que debe encontrar a su verdadera mamá y sabe que el tiempo se le acaba. Pero cuando abordó un vuelo comercial a España en la primavera del 2019, incluso ella no tenía idea de lo que le diría a la mujer que ahora creía que era su madre biológica. Es decir, si y cuando se le permitiera conocerla en persona.

Cuando la conocimos en Puerto Rico, donde ha vivido desde que la trajeron de España cuando era una bebé, Magaly nos dijo que cuando comenzó a investigar su pasado, encontró una mentira tras otra. Después de mucha consideración y meditación, decidió compartir su historia con el público por primera vez. Ante una audiencia televisiva en vivo en San Juan de Puerto Rico y con Mara a su lado, respiró hondo y lentamente comenzó a responder la pregunta del anfitrión: "¿Eres realmente un bebé robado de España?"

Esta misma pregunta ha perseguido a Ted, un estadounidense que ha vivido en Oklahoma durante años. Continúa su búsqueda que, con la ayuda de nuevas pruebas de ADN, está muy cerca de conocer a su madre biológica de España por primera vez. Pero hay una trampa.

Después de ser engañada y coaccionada por las monjas para dejar a su bebé recién nacida en una notoria clínica de Gerona, **Susan** renunció a volver a ver a su bebé. Pero esa bebé, su hija **Julia**, ahora adulta, estaba decidida a encontrar a su verdadera madre. Hoy, cuatro décadas después, madre e hija han intercambiado cartas conmovedoras por primera vez. Pronto se planeó una posible reunión con la ayuda de un mediador profesional, pero estas cosas no siempre salen según lo planeado.

Al parecer, **Mercedes** estaba destinada a ser la madre bendecida de una niña recién nacida. Porque dio a luz el 7 de mayo, el primer domingo de mayo, celebrado en España como el Día de la Santa Madre. Pero mientras la Iglesia Católica veneraba a María, la virgen madre de Jesús, las madres actuales de carne y hueso como Mercedes eran vistas de manera muy diferente. La hermana Pura, jefa del hospital Francisco Franco en Madrid, donde Mercedes dio a luz, sería acusada de múltiples cargos de robo de bebés y adopciones ilegales en los años siguientes. Al final resultó que, el destino no era un rival digno de competir con la codicia humana y el pecado.

A pesar de que le dijeron que estaba loca, Mercedes seguía convencida de que ella y su bebé, nacida el día de la madre y robada días después, se reunirían algún día. Unos 40 años después, ella puede ver recompensado su optimismo.

Francisco, con su hija y la querida mascota de la familia, Lolo, a su lado, contó cómo él había sido declarado muerto cuando era un bebé. Incluso nos mostró su certificado de defunción. "Cometieron un error", dijo, "pero no solo el obvio". Mientras nos inclinábamos hacia adelante para leerlo algo confusos, él nos lo explicó. Tenía una hermana melliza, y cuando se la robaron a sus padres, como los bebés gemelos y mellizos eran especialmente codiciados, parte del típico encubrimiento era declarar que el bebé había nacido muerto o había muerto poco después. "Pero hicieron el certificado de defunción a mi nombre por error".

Ya adulto, continuó buscando a su hermana melliza robada. A lo largo del trayecto se le unió una compañera. "Tanto mi esposa, **Victoria** como yo, somos hermanos de bebés robados ... Fue un vínculo que compartimos que nunca podrá romperse".

Aunque hace poco tiempo su amada esposa le perdió la batalla al cáncer, Francisco o simplemente Paco para sus amigos, junto a su hija Victoria (llamada como su madre), continúan la búsqueda a pesar del paso del tiempo. "No sabemos de una mejor manera para honrar su memoria que nunca rendirse. Pero se vuelve cada vez más difícil a medida que pasan los días".

En *Valencia*, **Antonio** y **Rosa** están buscando a sus hermanos, bebés robados, y se conocieron durante su lucha por encontrarlos y saber la verdad. Ahora casados, se unen a otras víctimas aquí durante todo el año en manifestaciones para tratar de crear

14

conciencia y dejar que otras víctimas sepan que no están solas. **María Jesús** es una de esas víctimas. De joven le dijeron que su bebé estaba "sano dentro de ella, pero al nacer y respirar la atmósfera se murió".

En *Sevilla*, para tratar de sobrellevar el dolor del robo de su bebé, **Lidia** ha escrito un libro que detalla su lucha en curso, y también se ha creado una obra de teatro. Ella lidera una asociación de víctimas para exigir justicia. **Alfonso**, un bebé robado, dirige otra asociación, también en Sevilla, para ayudar a correr la voz y atraer apoyo. "No es fácil. A menudo es muy difícil. Y lamentablemente, muchas de las madres están envejeciendo y el tiempo se acaba. **Ñoñi**, se unió a una de las concentraciones en Sevilla recientemente. Ella ha encontrado a su hermanita robada. Pero su madre tiene miedo de confrontar a su hija recién encontrada. Temerosa del nuevo trauma que pueda causar un descubrimiento tan sorprendente. Juntas, finalmente llegaron a una decisión difícil.

En *San Sebastián*, una mujer gesticula con los brazos abiertos en el cementerio. "¿Dónde está mi bebé?" pregunta ella. "¿Aquí? ¿tal vez ahí? ¿o allí?".

Andone ha estado luchando durante años para descubrir la verdad sobre su bebé robado. Si bien la palabra oficial es que su bebé murió poco después del nacimiento y fue enterrado en un cementerio en San Sebastián, no hay una tumba, ninguna lápida, ni siquiera un simple marcador de dónde fue enterrado el bebé supuestamente muerto. Ella sigue adelante, convencida de que la verdad está ahí fuera en algún lugar, más allá de las mentiras que le han dicho.

En *Madrid*, **Luis** levanta una pancarta que proclama su apoyo a todas las víctimas como él mientras busca a su hermanito en nombre de su madre ya fallecida.

En *Málaga*, **Encarna** cuenta la increíble historia de su bebé declarado muerto al nacer, solo para descubrir casi 30 años después, por casualidad y en las redes sociales, que su hija fue robada, está viva, y está buscando a su madre biológica. En *Barcelona*, **Dolores**, ahora de 93 años, continúa buscando a su bebé robado. A su lado, la acompaña uno de sus hijos llevando los papeles que, según dicen, muestra claramente el engaño del hospital. Él promete continuar la lucha una vez que su madre ya no pueda.

En *Benidorm*, todo andaba bien para **Soledad**, **Ángel** y su bebé hasta que cometieron el "error" de que sus otros dos hijos visitaran a su hermanito recién nacido en el hospital el día en que estaba previsto llevarlo a casa. De repente, la actitud de la enfermera cambió cuando vio a los niños. El tiempo de visita había terminado ahora, declaró. Esa noche, recibieron una llamada, el bebé se enfermó y murió, tan descompuesto que no pudieron verlo. Por supuesto, todo eran mentiras como descubrirían más tarde.

En *Alicante*, la búsqueda de **Laura**, de su bebé robado, llegó a un final sorprendente cuando presidió una exhumación judicialmente ordenada de la tumba de su supuesto bebé muerto. Lo que descubrió no debería ser algo que una madre ni nadie, debería tener que experimentar nunca.

¿Parece que muchas víctimas de bebés robados siguen buscando respuestas? ¿justicia?

Increíblemente, lo que hemos compartido hasta ahora ni siquiera comienza a arañar la superficie.

A continuación, en la *Introducción*, detallamos cómo planeamos ayudarlo a usted, el lector, a navegar por esta historia de derechos humanos aún en desarrollo y en evolución.

En cuanto a nosotros, en las próximas páginas haremos más que solo rascar la superficie de esta violación continua de los derechos humanos. Iremos a donde nos lleven los hechos. La justicia parece exigirlo y, ciertamente, todas las víctimas de bebés robados y sus seres queridos merecen esto y más.

Introducción
¿Cómo reaccionaríamos nosotros?

"Simplemente queremos saber dónde están nuestros hijos y darles un fuerte abrazo antes de morir". - *Lidia, una víctima de Sevilla*

Lo que está a punto de leer no ha sido embellecido ni es ficticio. Es real. Por sorprendente que sean, todas estas historias son verídicas y les sucedieron a personas reales. Y lo que es peor, no se trata de un pasado lejano y olvidado hace mucho tiempo. Si bien el robo sistemático de bebés comenzó en España justo antes de que terminara la Guerra Civil española en 1939, todavía estamos descubriendo casos nuevos tan recientes como el año 2000, y que solo ahora comienzan a ser investigados. (1)

Mientras hablábamos con todas estas víctimas, no podíamos evitar preguntarnos cómo nos sentiríamos o reaccionaríamos si estuviéramos en su lugar.

Para el caso, ¿cómo nos sentiríamos si se llevaran a nuestro bebé poco después de nacer y nunca nos lo devolvieran?

¿Cómo reaccionaríamos si nos dijeran que nuestro bebé murió poco después de nacer y luego descubrimos que nos han mentido y que nuestro bebé realmente no murió, sino que fue vendido a extraños?

Y ahora, este bebé, adulto, vive en un lugar desconocido para nosotros. ¿Qué sentiríamos, sabiendo que habíamos sido engañados por aquellos en quienes más confiamos en nuestra vida, en médicos, enfermeras, sacerdotes, monjas, trabajadores sociales, abogados, nuestros funcionarios electos? Como un pozo sin fondo, la corrupción es más profunda de lo que nadie puede llegar a comprender.

Las madres y padres que continúan buscando a sus bebés robados aún sienten una profunda traición y engaño. El paso del tiempo no ha suavizado ni curado su dolor.

Los bebés, ahora adultos, que han descubierto la verdad de su origen, ahora se dan cuenta de que, debido a este paso del tiempo, su oportunidad de reunirse con sus padres o parientes biológicos es cada vez más débil. Sienten una sensación de urgencia, desesperación y angustia.

Y todos, afectados directa o indirectamente por estas violaciones de derechos humanos en España y en todo el mundo, comparten algo en común: todos se enfrentan a un sistema decidido a garantizar que la verdad permanezca muerta y enterrada. Quizás peor, los culpables de tales crímenes contra el derecho y la justicia, y los pecados contra la humanidad continúan escapando del castigo.

Entonces, tal vez, es más exacto decir que todas las víctimas con las que hemos hablado en los últimos años están enojadas. Están indignadas de que tal crimen incluso pueda suceder en primer lugar y que la verdad se les pueda ocultar a simple vista. Muchos se describen a sí mismos como víctimas dobles, que lo han sido no una sino dos veces.

Ahora, antes de que hagamos todo lo posible para explicar cómo y por qué todo esto comenzó y por qué los que están en el poder quieren mantener oculta la verdad, primero conozcamos algunas de las muchas víctimas que entrevisamos. No solo como víctimas sin nombre o sin rostro, sino como quiénes son realmente: personas reales como usted y yo con vidas reales. Solo viviendo con una pérdida impensable.

A través de su dolor y sus lágrimas, quieren que el mundo las conozca no solo como víctimas sino como personas comunes y corrientes que intentan superar obstáculos extraordinarios.

19

Como dijo una víctima: "No somos solo un caso en un archivo o un número en una página, no somos diferentes a los demás. Solo queremos sentirnos completos de nuevo".

En toda España, hacia el este, oeste, norte y sur, ninguna región, provincia, ciudad, pueblo o aldea parece inmune a esta tragedia. Ninguna familia parece evitar verse afectada por el robo de bebés que ya lleva más de seis décadas.

De hecho, ninguna parte de España ha quedado intacta o sin contaminar por estos crímenes. Al investigar este libro y el documental del mismo nombre, realizamos más de 300 entrevistas con españoles que compartieron historias inquietantemente similares de engaños, mentiras y fraude. De la confianza traicionada por médicos, enfermeras, sacerdotes y políticos. De los casos cerrados por los fiscales a pesar de la abrumadora evidencia de lo contrario. De una búsqueda interminable que solo lleva a más mentiras, más engaños y más frustración.

Y, sin embargo, este número, 300, de ninguna manera insignificante, apenas comienza a mostrar el alcance completo de los crímenes y violaciones de derechos humanos infligidos en toda España y más allá.

Estimaciones confiables han colocado conservadoramente el número de víctimas de robo de bebés en más de 300.000. Pero muchos creen que este número es aún mayor. Y el número crece exponencialmente en términos de las familias y amigos que estos robos tienen y siguen afectando, perjudicando y abriendo las cicatrices emocionales que dejaron a su paso. (2)

Estos son crímenes ilimitados en su capacidad de causar dolor y sufrimiento en todas las edades, todos los géneros, todas las generaciones. Estos son crímenes que no tienen límite en su depravación moral.

"¿Cómo podría un ser humano tratar a otro tan inhumanamente?" se preguntó otra víctima.

En los próximos capítulos conocerá de cerca y personalmente a varias de las víctimas y sus casos en curso. Estas son sus historias en sus propias palabras. Y estamos agradecidos por su confianza y disposición para contarnos a nosotros y ahora a usted, su lucha. Muchos han sido honestos sobre el miedo que sienten al hacer pública su historia. Temen represalias por simplemente decirle al mundo la verdad. Que su propio gobierno, su iglesia, sus médicos les mintieron, encubrieron la verdad y ahora bloquean su camino hacia la justicia. Temen perder sus empleos, sus medios de vida, tal vez incluso sus vidas mientras persiguen la verdad.

Pero, aun así, quieren contarnos su verdad.

"¿Qué más nos pueden quitar?" pregunta María, una víctima, "...que aún no nos hayan quitado?"

El Capítulo 1 arroja algo de luz sobre cómo y por qué comenzó el robo de bebés en España y los obstáculos que el gobierno y la iglesia pusieron en práctica hace décadas, que aún impiden a las víctimas hoy descubrir la verdad y obtener justicia.

El Capítulo 2 comparte historias poderosas y conmovedoras de varias madres que todavía buscan a los bebés que les quitaron al nacer. Sus historias son inquietantemente similares, es como si quienes las agredieron siguieran el mismo guion o manual.

El Capítulo 3 comparte historias que son bastante comunes entre los bebés robados, ahora adultos. Ya sea que busquen un hermano o sus padres biológicos, se enfrentan a un camino demasiado familiar lleno de mentiras, engaños, registros falsificados y un gobierno bien intencionado, pero en gran medida impotente u hostil, dependiendo de qué partido político tenga la mayoría en un momento dado. A pesar de tener en sus manos evidencia abrumadora, todos sienten frustración ya que sus casos están cerrados o archivados por fiscales que afirman que sus manos están atadas. También comparten historias similares y experimentan frustraciones similares. Todos se dan cuenta de que el tiempo no está de su lado.

El Capítulo 4 analiza aún más en profundidad a dos víctimas a las que usted ya "conoció" brevemente y sus casos. La primera, Ascen, continúa enfrentándose a un posible castigo en la cárcel y fuertes multas por, como afirma, simplemente decir la verdad. La segunda, Clara, es a primera vista, un caso clásico de una niña traicionada por quienes la rodean, pero con un giro profundo: señala con un dedo acusador, entre otros, a un oficial español poderoso y de alto rango que está actualmente en el poder. Pronto conocerá a estas valientes mujeres y su búsqueda de la verdad y la justicia.

Los capítulos 5 y *6* comparten la historia de Enrique Vila, autor colaborador de este libro, víctima y defensor de los bebés robados, así como algunos de sus casos más dramáticos para que puedan llegar una audiencia amplia y puedan conocer los detalles de estas luchas. Y por primera vez en cualquier publicación o idioma, el Sr. Vila ha permitido que se divulguen detalles confidenciales e inéditos que ahora se hacen públicos por el bien de todas las víctimas. Conocerá las luchas que enfrentan Julia y su madre biológica Susan, así como María y su hija biológica Ana, y finalmente, la historia de Ted, un bebé nacido en España y llevado a América.

El Capítulo 7 proporciona información importante sobre los obstáculos políticos, legales y sociales que todas las víctimas continúan enfrentando en su búsqueda de la justicia. Aquí, conocerá a Carmen, una exmonja de las Hijas de la Caridad, mientras brinda detalles sobre lo que realmente sucedió en clínicas notorias como Santa Cristina, Francisco González de Tena, un conocido sociólogo y autor en España, Pablo Rosser, un experto en memoria histórica y cultural de Alicante, y María José Esteso,

22

periodista de investigación y autora que ha escrito extensamente sobre el tema de los bebés robados de España.

En el Capítulo 8 compartimos la increíble historia de Inés Madrigal, quien recientemente se hizo famosa a nivel nacional e internacional como la acusadora del famoso ginecólogo, el Dr. Vela. Basado en parte en tres entrevistas privadas que realizamos con Inés, así como en documentos de la corte y filmaciones que hicimos durante el juicio, creemos que usted puede salir como lo hicimos nosotros, con un gran respeto y una amplia visión del coraje y la persistencia que se requirió para finalmente llevar a alguien a juicio por los crímenes representados en este libro y en la película.

En el Capítulo 9 hacemos una crónica del breve pero significativo juicio del Dr. Vela, que pudimos filmar y se nos otorgó acceso de prensa. Aquí, también nos sentamos por última vez con la denunciante, Inés Madrigal, y obtuvimos su reacción justo después de que terminara el juicio, y sus pensamientos sobre lo que significa el veredicto para todas las víctimas.

En el Capítulo 10, retrocedemos un poco y nos acercamos a la actual epidemia mundial de robo y tráfico de bebés. Cada mes se ponen en contacto con nosotros más víctimas, algunas que fueron robadas cuando eran bebés en España y están tratando de encontrar a sus familiares, otras robadas en España y traficadas a otras naciones como Estados Unidos. Sin embargo, hay otras que fueron robadas cuando eran bebés en diferentes naciones como Serbia, pero todas nos cuentan historias similares de mentiras, traiciones y luchas interminables por encontrar la verdad. Sin embargo, hay motivos para la esperanza y se han hecho algunos progresos debido a la presión aplicada por organizaciones como la Unión Europea, el Consejo de Europa y las Naciones Unidas. Agradecemos a líderes como el miembro del Parlamento Europeo del Reino Unido, Jude Kirton-Darling, que se comprometió a ayudar a su compatriota Ruth Appleby y a las víctimas de bebés robados en todas partes a obtener justicia. De una vez por todas.

Durante los últimos 4 años, mientras viajábamos por España filmando y realizando entrevistas con las víctimas, seguimos preguntándonos a nosotros mismos y realmente a cualquiera que nos escuchase: ¿Será alguien castigado por estos crímenes? Después de todo, las esperanzas de justicia habían crecido y desvanecido en España anteriormente. Hace unos años, una notoria monja, Sor María Gómez Valbuena, de la clínica Santa Cristina, fue acusada de robo de bebés, pero murió pocos días después de acogerse al derecho a no declarar antes de enfrentar cargos formalmente. Pocos detalles de su muerte fueron compartidos con el público y, a pesar de ser visto como algo muy heterodoxo por la misma Iglesia Católica, su cuerpo fue incinerado de inmediato y, como resultado, no se realizó una autopsia oficial. Incidentes como este solo siguen avivando las llamas de los amantes de teorías conspirativas quienes piensan que Sor María y otros acusados de manera similar no están realmente muertos como se declaró oficialmente, pero se les ha permitido "desaparecer" para eludir la justicia.

Tal vez las cosas estaban a punto de cambiar.

A medida que el juicio del Dr. Vela recibía más atención de los medios de comunicación en España en el verano del 2018, una vez más comenzó a aumentar la esperanza entre muchas víctimas de que, finalmente, alguien pagaría por estos horribles crímenes. Se alega que Vela, un ginecólogo retirado, facilitó las adopciones ilegales y el robo de cientos, incluso miles de bebés y los vendió en un lapso de 50 años y, hasta este momento, había eludido a la justicia.

Pero esta vez su denunciante llegó armada con pruebas y un testimonio muy potente.

24

Inés Madrigal, una madre y esposa, clara y decidida, afirmó que tenía pruebas de que Vela la había robado y la había entregado "como un regalo" a su madre adoptiva que aparentemente fue recomendada a Vela por un amigo en común, un sacerdote jesuita. ¿Sería finalmente este el caso que arrancó la tapa de la caja judicial en la que muchas víctimas se sentían atrapadas? Obtendrá esa respuesta muy pronto. Se lo prometemos. Pero, sin embargo, debemos empezar por el principio.

Cuando la Guerra Civil española (1936-1939) se acercaba a su término, el sueño de los vencedores de trasplantar la eugenesia al estilo nazi a España, para lograr una especie de "raza pura española", comenzaba a hacerse realidad. Y España nunca volvería a ser la misma.

Capítulo 1
Cómo llegamos aquí

Venganza y Reproducción.

Inspirado por la eugenesia nazi, que buscaba crear una supuesta "raza aria pura" eliminando a los miembros más débiles y menos capaces de su sociedad a través de la procreación controlada y la ingeniería genética, Franco imaginó una estrategia eugenésica similar para una España de posguerra. Con un giro siniestro. (1)

Esta raza hispana recién diseñada bajo Franco sería, en efecto, un retorno a lo viejo y lo tradicional. Un regreso a una época en que España era admirada, temida y construía un imperio que abarcaba todo el mundo. En lugar de lo que él veía como radicalismo de izquierda y socialismo desquiciado, España sería restaurada a una nación cristiana unificada. Una nación libre de los radicales seculares y anticristos republicanos que la habían asolado durante décadas. Con Franco (El Salvador) como su patriarca, los valores tradicionales de la iglesia y los roles "apropiados" de los hombres como dominantes y las mujeres como subordinadas en la vida cotidiana española también serían restaurados. Los logros y avances conseguidos por las mujeres y las minorías antes de la guerra serían revocados. Las guerras, como nos recuerdan los historiadores, tienen consecuencias devastadoras.

Y para cumplir esta misión, esta visión de una "España nueva y tradicional" en una España posterior a la guerra civil, asignó como su mano derecha, a Antonio Vallejo-Nágera, el jefe de sus servicios psiquiátricos militares, para liderar el camino. Los detalles del plan exigían la eliminación de cualquier semilla restante de disidencia u oposición al nuevo régimen. Vallejo-

26

Nágera, que había estado estudiando la eugenesia nazi desde la Primera Guerra Mundial, se había convertido en un creyente rabioso de la ingeniería genética y un franquista igualmente empedernido. Del mismo modo que los eugenistas nazis vieron la República de Weimar (1918-1933) y su liberalismo como un "organismo enfermo" al que se le había permitido "entrar en el torrente sanguíneo de Alemania y contaminarlo", Vallejo-Nágera creía que la Guerra Civil española era un mal necesario para "purificar el espíritu y el alma de España de la enfermedad infecciosa del liberalismo". (2)

Y así como los eugenistas nazis buscaron aplicar una ingeniería genética estratégica para "purificar la raza aria de todos los elementos impuros y débiles" para que una nueva Alemania más fuerte pudiera salir de las cenizas de la guerra, Vallejo-Nágera buscó usar una eugenesia similar para "curar la enfermedad del liberalismo rojo y permitir que El Caudillo (Franco, el jefe militar) unificara y volviera a cristianizar completamente a España".

Convenció a Franco de que las victorias en el campo de batalla resultarían huecas si a la enfermedad (comunismo) que "entró en el torrente sanguíneo de una España cristiana" alguna vez se le permitiera "enfermar al paciente, nuestra querida España" nuevamente. Franco estuvo de acuerdo y colocó su pleno apoyo político y militar en el esquema de inspiración nazi de Vallejo-Nágera para lograr este objetivo. En consecuencia, incluso antes de que terminara la guerra civil, Vallejo-Nágera ya había comenzado a poner a prueba sus perversas teorías eugenésicas con seres humanos reales y vivos en cautiverio.

Al describir a las mujeres republicanas capturadas y retenidas en las cárceles durante la guerra como "animales degenerados" que no eran "aptos para reproducirse", Vallejo-Nágera buscó "pruebas científicas" para apoyar su racismo inspirado en los nazis. Y aunque en realidad nunca tuvo contacto directo con

27

ninguna de estas mujeres, presuntivamente las declaró portadoras de una "enfermedad social contagiosa" y concluyó, en base a sus observaciones científicas altamente defectuosas y los datos recopilados, que cualquier "semilla" reproductiva originaria de estos "subhumanos" debe ser eliminada. (3)

En consecuencia, el trato brutal de estas mujeres en prisión se justificó como parte de un plan "elegante nacionalista" para salvar a España de la degeneración generalizada y repugnante. Y dado que estas mujeres republicanas capturadas eran vistas por los nacionalistas como "infrahumanas", ningún acto o castigo contra ellas podría, por definición, ser demasiado vil o excesivo. A las mujeres les afeitaban la cabeza para librarse de cualquier feminidad externa y con frecuencia eran golpeadas, torturadas y violadas por sus captores varones que las llamaban entre otras cosas "putas, rojas, feas, y peladas". (4)

El objetivo de los nacionalistas era humillar, degradar y aislar socialmente a estas mujeres "subhumanas". La idea era que incluso si alguna sobreviviera y volviera a ser libre, estaría destrozada para siempre y no representaría ningún riesgo de "contaminar" a una sociedad española recién purificada. Cualquier mujer que quedara embarazada en prisión (por violación) o que ingresara embarazada y luego diera a luz sería separada de su bebé de inmediato. ¿Cómo se les podría permitir a esas madres mentalmente deficientes e incapaces criar a sus bebés en la España de Franco? ¿La respuesta? No podían ni se les permitiría hacerlo. Todo por el bien de esta España "nueva y tradicional".

Pilar Fidalgo fue una de las únicas mujeres que escribió una crónica de tal brutalidad y abuso en estas llamadas "prisiones de mujeres de Franco". Ella era una mujer republicana presa en *La Prisión de Madres Lactantes* en Madrid. En su libro, *Una joven madre en las cárceles de Franco*, escribió que había docenas de mujeres en una celda construida originalmente para una reclusa. Ella y su bebé, en un momento se enfermaron gravemente. El médico de la prisión, Pedro Almendral, afirma, le dijo que la única y mejor cura era simplemente morir, que él no les daría medicinas, simplemente debía hacer lo correcto y morirse ella con su bebé. También escribe que los guardias e incluso las monjas les dijeron a muchas de sus compañeras prisioneras que huyeran y escaparan, que esta era su única forma de sobrevivir. Pero cuando muchas lo hicieron e intentaron escapar, fueron ejecutadas, fusiladas por la espalda. Algunas fueron primero golpeadas y violadas frente a otras prisioneras como una lección para el resto, y luego fueron asesinadas. Los cuerpos de estas mujeres asesinadas fueron apilados en fosas comunes, y después en muchas ocasiones los guardias escupían y defecaban sobre ellas.

Aquellas, como Pilar, que no trataron de huir, fueron golpeadas y violadas por los guardias e incluso sacerdotes por su "cobardía y degeneración", ustedes lo adivinaron, por no tratar de escapar. En efecto, fueron castigadas por no obedecer órdenes, a pesar de que tales órdenes habrían supuesto su muerte. La señora Fidalgo habla de sacerdotes y monjas que luego traían regalos y felicitaban a los guardias nacionalistas por su "defensa celosa de la Santa Religión" y por "implementar la represión necesaria de estas viles, y degeneradas prisioneras". (5)

Cuando la Guerra Civil española terminó oficialmente el 28 de marzo de 1939, el plan de los nacionalistas para restaurar a España como una nación unificada y cristiana libre de mujeres republicanas y su impura descendencia, ya había comenzado seriamente. Lo que había funcionado en prisión ahora podría aplicarse a una escala mucho mayor en la vida civil. Y hacerlo requeriría un esfuerzo completo y colaborativo del aparato estatal, militar y eclesiástico.

Afortunadamente para Vallejo-Nágera, a instancias de Franco, tenía plena autoridad y recursos ilimitados a su mando. Es importante destacar que también disfrutó de la participación activa de la Iglesia Católica. Ahora, parafraseando el dicho francés, era cuestión de asegurarse de que el diablo estuviera realmente en los detalles.

El plan era doble. Primero, era imperativo no mostrar piedad alguna hacia el "enemigo enfermo y perverso". Los nacionalistas deben castigar y destruir a todos aquellos sospechosos de simpatizar con los republicanos vencidos. Una verdadera victoria nacionalista dirigida por Franco, declaró Vallejo-Nágera, "sería nada menos que la aniquilación completa de un gran número, si no todos los republicanos, y la humillación y terror total de los sobrevivientes". Y así, castigan y destruyen a sus antiguos compañeros y ciudadanos españoles, que ahora son sus más odiados enemigos. Así lo hicieron. Con gran venganza. Incluso hoy, las autoridades españolas siguen descubriendo fosas comunes sin señalizar de los ejecutados por Franco después de la guerra. Estimaciones confiables ahora colocan el costo humano de la guerra civil y sus consecuencias entre 600.000 y 1 millón. Un número sorprendente dado que en ese momento toda la población de España era de solo unos 25 millones. (6)

Sin embargo, para Vallejo-Nágera, fue un pequeño precio a pagar por el resultado deseado. Como proclamó, "los rojos eran degenerados y si se les permitía reproducirse, debilitarían a la raza hispana ... debían ser exterminados como ratas". Su política de eugenesia inspirada en los nazis no exigió nada menos. (7)

Sin embargo, Vallejo-Nágera y Franco también se dieron cuenta de que ejecutar a todos los republicanos y aquellos que aún simpatizaban con su causa ahora y en el futuro era una imposibilidad práctica. E incluso si de alguna manera se pudiera hacer posible, hacerlo debilitaría su capacidad para reconstruir

30

España, una nación que aún dependía en gran medida del trabajo manual y el capital humano.

Por lo tanto, si no se podía evitar por completo el paso de este supuesto "gen rojo" de republicanos "deficientes y perversos" a su descendencia a través de la "procreación impía", entonces la mejor opción, la segunda parte del plan, sería aislar a los descendientes de sus procreadores portadores del "gen rojo". Separados de sus padres biológicos y de su influencia venenosa, este "portador rojo" (el bebé) podría ser "reprogramado" y adoctrinado por padres más adecuados y familias nacionalistas leales a Franco. (8)

La aplicación de la ciencia del racismo eugenésico a España para "limpiar la raza hispana" de una vez por todas también implicaba librar a la nación de todos los demás factores ambientales que podrían "incubar y nutrir el gen rojo". Tales factores incluían el permitir que las madres no aptas se reprodujeran y permitir que cualquier influencia que no fuera sancionada por la Santa Iglesia "infectase" a las familias. Desde la perspectiva nacionalista, la limpieza de la raza mediante la eliminación de estos factores ya había demostrado ser posible. Señalaron al tratamiento de las mujeres y sus bebés nacidos en prisión durante la guerra como prueba positiva. Lo que funcionaba dentro de las cárceles solo tendría que expandirse para ser usado fuera de los muros de la prisión y en toda España.

Por ejemplo, la humillación física y emocional y la "purificación" de las mujeres "degeneradas" continuaron sin cesar en una sociedad de posguerra. Muchas mujeres consideradas promiscuas, de mala reputación, ateas o sospechosas de ser simpatizantes republicanas se vieron obligadas a soportar los llamados "Paseos de la vergüenza". De naturaleza similar al abuso que sufrieron las mujeres en las cárceles, aquí, la guardia civil dejaba a las mujeres en paños menores, les afeitaba la cabeza y las

31

obligaba a beber aceite de ricino, y luego las lleveba por las calles principales y las plazas de las localidades donde vivían, mientras sus vecinos observaban. Muchas defecaban sin control, debido al aceite de ricino, y caían al suelo por debilidad o eran arrojadas al suelo para completar la representación de una mujer que está sucia y debe ser purgada de su maldad, su desenfreno y su comunismo demoníaco, "purgando el demonio del comunismo". Con frecuencia, estos "paseos" terminaban con la muerte de la mujer purgada. Pero al menos la "bestia roja" dentro había sido expulsada para que todos la vieran. (9)

Con el tiempo, si todo iba de acuerdo con su propio "plan maestro", cualquier "tendencia socialista mentalmente deficiente" finalmente moriría y nunca regresaría. Y si también había que "redistribuir" a miles de bebés españoles de sus padres biológicos "moralmente deficientes" y "en quiebra ideológica" para hacer lo mejor para España, entonces que así fuera. Como Vallejo-Nágera a menudo les decía a sus compañeros: "Lo que hacemos es, después de todo, la voluntad de Dios en la tierra". (10)

¿Y quién sabía mejor qué era la "voluntad de Dios" que la Iglesia Católica?

Estaba preparada, soberbia como un campanario, capaz y dispuesta a resurgir como una institución clave de control patriarcal y autoridad nacional ahora que los "socialistas deficientes mentales" ya no estaban a cargo. En consecuencia, muchos clérigos eclesiásticos consideraban que quitarles los bebés a sus madres biológicas republicanas o "rojas" y dárselos a madres y padres católicos, nacionalistas y devotos no era pecado. Todo lo contrario, muchos creían que estaban salvando a España del pecado.

Completamente vestidos con el manto de la caridad y la gracia mientras les quitaban los bebés a sus madres, la iglesia y sus secuaces pronto se dieron cuenta de que algunas madres eran

32

simplemente más fáciles de "salvar" de su pecado, y de sus bebés recién nacidos que otras. A través de canales formales e informales, la iglesia se convirtió en experta en identificar a mujeres embarazadas vulnerables, en situación precaria, y desesperadas que tenían pocas opciones viables en la vida. Una vez identificadas, el contacto inicial se hacía con promesas de cuidado, protección y salvación, esperando a la futura madre con los brazos abiertos. A través de sus hospicios y clínicas administrados por la iglesia, ellas (monjas y voluntarias ungidas) ayudaban a dar a luz a recién nacidos y, como enfermeras de confianza, estaban en una posición perfecta para luego quitarles los bebés de las madres "no aptas" y colocarlas en el lugar apropiado, y hogares nacionalistas "aptos".

Varias monjas, como Sor María de la *Clínica Santa Cristina* en Madrid, Sor Aurora de la *Casa Cuna* en Valencia o Sor Pura de *Tu Casa* en Carabanchel, que dirigían clínicas, desarrollaron y administraron una red coercitiva de funcionarios, trabajadores sociales, enfermeras, y otros asociados durante varias décadas para garantizar una empresa fluida, aunque criminal, de robo y reasignación de bebés. En el próximo capítulo veremos algunos ejemplos contados por estas madres que fueron acogidas con la promesa de protección y ayuda para luego darse cuenta de que habían sido engañadas. Y que sus bebés ya no estaban.

Según relatos de primera mano y diarios personales, así como algunos estudios e investigaciones de periodistas incansables como María José Esteso, ahora sabemos que identificar, segregar y aislar a las mujeres vulnerables no era, por diseño, tan difícil en la España de la posguerra. Volviendo a las prácticas que comenzaron en las cárceles de Franco bajo Vallejo-Nágera, las mujeres republicanas conocidas y cualquier individuo sospechoso de ser leal a la república fueron rechazados, despedidos del trabajo, y no podrían asistir a la escuela o estudiar porque tendrían que buscarse la vida para sobrevivir. En consecuencia, tal aislamiento emocional, físico y económico dejó a muchas mujeres sin otra opción que recurrir a la prostitución o, irónicamente, al convento para servir como monjas, como sus únicos caminos de supervivencia. Este aislamiento artificial y manifiesto fue visto por los nacionalistas y la iglesia como un "marcador" de inferioridad innata y "comportamiento rojo depravado". Estaban condenadas de todos modos. (11)

Una de las preguntas que tuvimos cuando comenzamos a entrevistar a algunas de las mujeres víctimas fue: "¿Por qué tan pocas de las víctimas protestaron o buscaron ayuda si tenían sospechas de ser explotadas por la iglesia de una manera tan criminal?"

La respuesta pronto se hizo clara. A menudo, la víctima, debido a una educación deficiente o nula y a través de años de condicionamiento para confiar incuestionablemente en la iglesia y en aquellos con prestigio y poder como médicos o enfermeras, simplemente nunca sospechó que, de hecho, estaba siendo explotada. Engañada. Traicionada. En esos raros casos en que las víctimas sospechaban o incluso tenían evidencia de tal explotación y violaciones de los derechos humanos a manos de la iglesia y hospitales, ¿a dónde podían acudir para obtener ayuda? ¿En quién podían confiar para contar su historia? ¿Quién, excepto tal vez una víctima igualmente rechazada, indefensa y aislada, creería su historia?

Para muchas víctimas era inconcebible que aquellos a quienes desde niños les habían enseñado a creer, confiar e incluso reverenciar pudieran cometer tales actos indescriptibles en violación de sus votos sagrados. Tan inconcebible, de hecho, que muchos dudaron de sus propios instintos, intuición, incluso evidencia. Y cuando finalmente descubrieron la horrible verdad o aceptaron lo que sabían todo ese tiempo, muchos se lo callaron y sufrieron en silencio. Como Lidia, a quien conocerá pronto, nos señaló: "Nunca pensé que podría haber más mujeres como yo. Creí durante años que yo era la única a la que le sucedió esto".

La alianza simbiótica de posguerra entre Franco y la Iglesia Católica se forjó rápidamente en un vínculo inquebrantable, cada uno de los cuales proporcionaba un servicio necesario para la adquisición y consolidación del poder del otro. La iglesia fue restaurada a su debido lugar, designada por sí misma en la escolarización formal y el cuidado moral de la población, y adoptó plenamente su papel de ayudante en la implementación del plan de Vallejo-Nágera. La iglesia continuaría ayudando a identificar, aislar y luego explotar a las mujeres vulnerables como un medio para llevarse a sus bebés y así garantizar la pureza nacionalista de Franco. La división era clara, o estaban del lado de los comunistas impíos de la izquierda que intentaron debilitar a la iglesia bajo la Segunda República española (1931-1939) o estaban con Francisco Franco, el nuevo salvador de una España recristianizada y pía.

Para la iglesia la elección fue clara. Por su parte, Franco proporcionaría cobertura política y legal para ayudar a asegurar que la iglesia ascendiese nuevamente al lugar que le correspondía. Estaban convencidos de que nada menos que el alma de España estaba en juego. A diferencia de la Segunda República, no habría quema de iglesias, ni repudio al cristianismo, ni falsas creencias en otros ídolos o religiones bajo Franco, solo el catolicismo.

Al igual que el Tercer Reich, cuyos fundadores nazis imaginaron que duraría a perpetuidad, Franco tomó medidas rápidas después de la guerra civil para asegurarse de que su nuevo régimen también durara "para siempre". Se aprobaron varias leyes fuertemente influenciadas por la marca de la eugenesia nazi de Vallejo-Nágera, cada una dirigida a codificar la remodelación de esta nueva sociedad española. Por ejemplo, en diciembre de 1941, Franco legalizó la capacidad del estado y la iglesia para cambiar oficialmente los nombres de todos los niños huérfanos, repatriados o abandonados, y de los bebés nacidos de mujeres republicanas en prisión. Durante el rodaje de nuestro documental, uno de los miembros de nuestro equipo que nunca antes había visitado España se asombró de cuántas mujeres llevaban el nombre de la Virgen María y cuántos hombres se llamaban José. En gran parte, esta es la razón, y solamente los nombres bíblicos eran aceptables. (12)

Franco también restableció el *Patronato de Protección de la Mujer*, pero lo dotó de una misión mucho más siniestra y controladora que antes. El propósito oficial, de acuerdo con el decreto del 6 de noviembre de 1941, era proteger la dignidad moral de las mujeres, especialmente de las mujeres jóvenes para evitar su explotación, ayudarlas a evitar cualquier desviación hacia el vicio y educarlas de acuerdo con las enseñanzas del catolicismo.

Pero para las víctimas, estos *Patronatos* al amparo de este decreto oficial, se convirtieron en los explotadores, los depredadores que se aprovechaban de las mujeres jóvenes indefensas, solteras, controlando sus vidas y llevándose a sus bebés. Liderados por la esposa de Franco, Carmen Polo de Franco, los *Patronatos* se convirtieron en el peligro del que las víctimas necesitaban protección.

En la práctica, estos *Patronatos*, organizados en toda España, sirvieron como una red destinada a vigilar y escudriñar de cerca el comportamiento y la actividad femenina en público para garantizar que las normas de la iglesia no se violaran de ninguna manera. La creencia era que tal escrutinio era necesario para proteger a la sociedad cristiana de la "degeneración" natural y la "falta de sentido común" de las mujeres republicanas. Una degeneración y peligro que Vallejo-Nágera había descrito en las prisiones de guerra y contra el que había advertido. Al ejecutar su misión, los funcionarios organizaban redadas callejeras, deteniendo a cualquier mujer que consideraban desviada en su vestimenta o comportamiento y alentaban y premiaban a todo aquel, incluso a los miembros de la familia, que alertaban a los *Patronatos* sobre tal comportamiento o actitudes exhibidas en la vida privada. A menudo, solo se requería una queja de este tipo, comprobada o no, para que una joven ahora considerada "rebelde" fuera asignada a uno de estos centros de atención del *Patronato*. Una vez asignada, abandonar voluntariamente los centros era casi imposible. Todas las menores de edad que ingresaban al centro ya no gozaban de los mismos derechos que antes. Sus padres perdían la custodia legal sobre ellas, mientras que el *Patronato* asumía de inmediato todos los derechos legales y la custodia de la niña.

Las chicas solteras que se quedaban embarazadas eran asignadas con mayor frecuencia a tales *Patronatos* como un medio para mantener en privado su "degeneración". Pero esta privacidad venía con un alto precio. Una vez que el bebé nacía dentro de los límites del *Patronato* y su personal, era muy fácil quitarle el bebé a la nueva madre mediante fuerza o engaño, y extremadamente difícil de combatir o desafiar.

Lo complicado era el hecho de que muchas de estas madres solteras eran asignadas a los *Patronatos* por sus padres no solo para mantener la privacidad sino también como un medio para ganarse el favor del nuevo régimen y evitar el castigo por no presentarse voluntariamente. Ya era suficientemente malo ser padres de una joven se había quedado embarazada fuera del matrimonio en violación de los decretos de Franco, pero ser sorprendidos "escondiéndolo" podía llevar a fuertes sanciones, incluso prisión.

Si bien muchas chicas terminaron internadas en un *Patronato*, por una variedad de razones, incluso si la habían "tocado" o estaba "sin tocar" (virgen o no) o si habían participado en actos ilícitos como prostitución, todas tuvieron que someterse a un régimen diario estricto e inflexible. Diseñados para erradicar su "degeneración" y "desenfreno" naturales y eliminar su conexión con cualquier "gen rojo" que llevara, los Patronatos se convirtieron, para muchas mujeres, en una pesadilla sin fin.

Como una víctima, una sobreviviente del *Patronato* que dio a luz y le quitaron a su bebé, compartió: "Tenía pocas opciones y pensé que este sería un lugar de salvación y esperanza. En cambio, era un lugar de traición y abuso. Yo no era la única".

Pero ¿qué pasa con esos bebés robados que, ya sea que hayan nacido en un *Patronato*, hospital o clínica, que no hayan sido, por cualquier razón, colocados con una familia nacionalista "adecuada" antes de su tercer cumpleaños? (13)

En la España de la posguerra de Franco, estos bebés "rechazados" que entrevistamos, ahora adultos de edades entre los 70 y 80 años, recuerdan una educación aún peor a manos de la iglesia y el estado.

De acuerdo con la ley, si un bebé ya había sido "contaminado por sus padres degenerados e incapaces" y había alcanzado la edad de 3 años, y como resultado era difícil ubicarlo con familias nacionales apropiadas, se estableció una solución diferente. Una solución que también ayudó a garantizar la perpetuidad del régimen franquista y la iglesia.

¿Cuál era esta solución "alternativa"?

Era comenzar inmediatamente el adiestramiento de estos niños para salvarlos de los pecados de sus padres y servir mejor a sus "salvadores" al convertirse en sacerdotes, monjas o soldados cristianos para el ejército de Franco. Cada uno sería "bendecido" para servir al "propósito superior" de preservar y proteger el estado y la iglesia.

¿Los medios para esta solución?

La creación de las instituciones de *Auxilio Social* en toda España.

Estas instituciones de *Auxilio Social*, barnizadas con una capa de apariencia altruista, eran en realidad un instrumento favorito de control social en la España de la posguerra. Estas instituciones ayudaron a consolidar y marcar el dominio de Franco sobre los vencidos. Los psiquiatras sociales creen que cualquier tortura patrocinada por el estado debe "marcar a la víctima", tanto real como figurativamente. Por ejemplo, los judíos que lograron escapar de la brutalidad de sus captores nazis fueron calificados para siempre como "inferiores" e "infrahumanos" por las marcas y símbolos quemados en su cuerpo. Figurativamente, cada uno fue marcado emocionalmente o marcado por el resultado de la experiencia. Del mismo modo, estos *Auxilios* marcaron permanentemente a los niños que estaban bajo su "cuidado" a través de la tortura, el abuso físico y emocional.

Más parecidos a una cárcel que a un lugar de ayuda social, estos *Auxilios* fueron descritos por muchos de sus sobrevivientes ahora adultos como "simplemente un infierno viviente". Los niños fueron obligados a soportar agresiones verbales y físicas diarias, brutalidad y palizas indescriptibles, azotes e incluso agresiones sexuales y violaciones por sus presuntos malos comportamientos. A muchos apenas se les daba comida y agua para sobrevivir. Asegurándose de que se aplicaran las políticas eugenésicas de Vallejo-Nágera, se instruyó a los niños a odiar a sus padres biológicos y a rechazarlos abiertamente y renunciar a ellos y, en cambio, profesar su amor por Franco y adorar a la Iglesia Católica. Este ejercicio diario de odiar a sus padres y expresar devoción a la iglesia y al estado a través de la oración duraba entre 4 y 6 horas cada día.

Según Uxeno Álvarez, uno de los sobrevivientes de un típico *Auxilio Social*, toda la brutalidad, los castigos y la crueldad que sufrió a manos de sus "maestros" lo prepararon terriblemente para la vida adulta. "No me enseñaron nada... ni un oficio ni nada. Eso sí, yo me sé todos los himnos épicos de Falange: 'Cara al sol', 'Yo tenía un camarada' ...Y luego todos los de la iglesia: 'Padre nuestro', 'Yo pecador me confieso', 'los Diez Mandamientos'... todos ellos, sin valor". (14)

Parte del nuevo plan para España, estos Auxilios y el papel que desempeñaba la Iglesia en sus operaciones diarias era exactamente como se había previsto. La Iglesia Católica estaba resurgiendo como una fuerza dominante e influyente en la configuración de las futuras generaciones de España. Y, si los niños como Uxeno recordaban las cosas de manera diferente, pues que así fuera. Como declararon Vallejo-Nágera y sus colegas, "Una nación católica pura y devota dirigida por Franco era el único camino para proteger a la familia, restablecer la unidad española y librar a la nación de la inmundicia de los conspiradores y colaboradores internacionales". Y los *Auxilios* fueron vistos por los nacionalistas como una parada integral en este camino justificado. (15)

Además de los *Patronatos* y los *Auxilios*, había otro instrumento de vigilancia, enseñanza y ejecución de las nuevas normas y estándares en la España de Franco. Y en muchos sentidos, esta agencia o sección de gobierno fue la más entusiasta e ideológica de todas. De hecho, cuando se trató de dar seguimiento a la política eugenésica de Vallejo-Nágera, ningún otro brazo del nuevo régimen fue tan brutalmente eficiente y leal a la causa como lo fue la *Sección Femenina de la Falange*. (16)

Formado antes de la Guerra Civil española, el partido de la *Falange* albergó a algunos de los creyentes más extremistas y fervientes de todos los franquistas. Esta sección (la Sección Femenina) fue dirigida por Pilar Primo de Rivera, hija del exdictador español, Miguel Primo de Rivera (1923-1930), y hermana de José Antonio, fundador del movimiento fascista la *Falange Española*. Conocido como el "*Cuerpo de Divulgación*" (17), estas mujeres de Franco supervisaron y aplicaron estrictamente las políticas eugenésicas bajo el nuevo régimen. Estas incluían: la prohibición de los abortos, adherirse a un "mandato matrimonial" para las mujeres antes de tener hijos y una amplia promulgación para que todas las mujeres hicieran lo que fuese necesario para evitar transmitir el "gen rojo" a las generaciones futuras "a sabiendas o sin querer".

Parte de la misión de la *Sección Femenina* de Primo de Rivera era enseñar, adoctrinar y hacer cumplir el papel apropiado y aprobado de la mujer en una nueva España. A través de la comunicación masiva y la promulgación de comportamientos aceptados, la *Sección* hizo correr la voz en parte presentando talleres obligatorios, campamentos, enseñanza en el hogar, asesoramiento, y la publicación de miles de folletos, libros y manuales con títulos tan útiles como la *Guía de la buena esposa, Cómo complacer a su esposo* y *Cómo tener un matrimonio exitoso*. (18) Estas guías aconsejaban a las mujeres a no demostrar nunca ser más inteligentes que su esposo, ser serviles en todo momento y aceptar su inferioridad femenina innata. Su mensaje para las mujeres y las niñas era ser obedientes, leales y nunca abiertamente sexuales o desenfrenadas. El matrimonio debe reflejar los valores cristianos tradicionales y aceptados.

En la práctica, esto significaba que el hombre español regresaba a su legítimo lugar de dominio sobre la mujer considerada inferior. Una vez más, se prohibió el divorcio y si las mujeres se portaban mal o disgustaban a su esposo, entonces cualquier golpiza doméstica o "reacondicionamiento" necesario para garantizar la obediencia adecuada se consideraba justo. La *Sección* también desempeñó un papel clave para ayudar a identificar y aislar a las mujeres especialmente vulnerables o desenfrenadas, y trabajó estrechamente con los *Patronatos* y los hospitales y clínicas administrados por la iglesia para coordinar la "reasignación" de "bebés rojos" con familias leales a franco, lejos de sus "madres rojas". (19)

Y así, infundido con fervor religioso e ideológico, el sueño del vencedor de crear una "jerarquía eugenésica" al estilo nazi en la sociedad de posguerra se implementó de manera eficiente y despiadada en toda España.

Vallejo-Nágera escribió sobre el "éxito rotundo" que las políticas nacionalistas estaban disfrutando y que estaba "aún más seguro de que el gen rojo" moriría pronto "y que el legado de *El Caudillo* (Franco) viviría para siempre. (20)

Por supuesto, los que no estuvieran de acuerdo con esta evaluación o se opusieran a este plan, los que cuestionaran si sus bebés recién nacidos realmente habían muerto al nacer, los que se molestaran o dudaran de que la "voluntad de Dios" debía reinar en España sería, como uno un ex funcionario de Franco nos contó: "ejecutado o hecho desaparecer rápidamente".

España es Diferente

Sin embargo, gradualmente, hacia mediados de la década de 1950, las llamas revolucionarias de la posguerra que habían ardido durante tanto tiempo gradualmente comenzaron a retroceder a una combustión más constante y lenta. Y con ello, la eugenesia siniestra, inspirada en los nazis, que durante años impulsó el robo y la reasignación inicial de bebés, también comenzó a cambiar y a ser impulsada por el motivo que los crímenes casi siempre parecen ser impulsados.

La codicia.

Una lujuria insaciable por ganancias. El robo de bebés se convirtió en un negocio en auge en la nueva España emergente de los años 60. Parecía haber una demanda inagotable de recién nacidos españoles, tanto dentro como fuera de sus fronteras. Y aquellos dentro de la red mafiosa se hicieron ricos, gordos, y felices. Todo a expensas de una sociedad confiada y dolorosamente obediente.

Al igual que su nuevo eslogan orientado al consumidor, *España es diferente* destinado a atraer a más turistas con dinero para gastar, España era realmente diferente. (21) Ya no estaba completamente cerrada al mundo exterior, España, bajo el dictador Franco, comenzó a abrir sus puertas a nuevas empresas comerciales y nuevas inversiones de capital. Y el robo de bebés en el mercado negro estaba demostrando ser un negocio lucrativo. Aquellos dentro de esta red criminal operaban con impunidad. No estaban por encima de la ley. Eran la ley.

Esta era una mafia que implicaba a médicos y enfermeras, sacerdotes venerados y monjas, líderes gubernamentales respetados y burócratas. Sus tentáculos conectaban a todos, desde sepultureros hasta funcionarios locales, técnicos de laboratorio de ADN y taxistas pagados para transportar ilegalmente bebés robados entre los llamados "corredores de bebés robados", a funcionarios de alto nivel, a trabajadores sociales, a policías locales, políticos y fiscales. Siga las migas de pan, nos dijo una víctima, y le llevarán hasta el Papa empotrado en su trono en el Vaticano, y los registros secretos de adopción guardados allí bajo llave.

Las víctimas señalan con el dedo acusador durante las últimas décadas a estas personas y a más, ya que todos forman parte de esta red criminal concebida con el propósito de robar y vender a sus bebés con fines de lucro. O tomaron una parte activa o sabían sobre la red y no dijeron ni hicieron nada para detenerla. "No sé cuál fue peor", nos dijo María Jesús, quien continúa buscando a dos de sus bebés robados hace unos cuarenta años.

¿Los blancos principales de esta mafia con fines de lucro?

Las madres solteras, las maltratadas, las ya victimizadas, personas sin estudios, la clase trabajadora. En resumen, todos aquellos que no estaban en posición de defenderse o protegerse.

No es una empresa criminal pequeña, la evidencia continúa aumentando, lo que ubica el número de bebés robados por esta mafia en más de 300.000. Ahora multiplique ese número por docenas, cada uno de los cuales representa a todos los miembros de la familia victimizada. A continuación, incluya a todos los miles de bebés robados que recién estamos comenzando a darnos cuenta de que caminan por todo el mundo sin ni siquiera saber que no son quienes piensan, quienes les han dicho que son, y en una nación, España, de apenas 47 millones en el 2020, comienzas a comprender cuán vasta es esta red criminal, esta mafia es en realidad. Y cuán trágicamente amplio ha sido el impacto del crimen en tantas familias.

Si bien la mayoría de los bebés robados se vendieron en España, miles más fueron traficados ilegalmente fuera del país. España era conocida en el mercado negro como la "fábrica de bebés para el mundo". (22)

Se llevaron estos bebés españoles a lugares como Estados Unidos, Puerto Rico, México, Venezuela, Brasil, Argentina y Chile. Dondequiera que hubiera una demanda, la red se aseguraba de que hubiera un suministro. Por el precio correcto, por supuesto, y sin hacer preguntas.

Hoy, a través del fácil acceso a pruebas de ADN nuevas y asequibles, algunos de estos bebés robados, ahora adultos, están comenzando a descubrir la verdad de su propia ascendencia. Muchos aún no sospechan que ellos también fueron víctimas desde su nacimiento sin saber que los familiares verdaderos los están buscando frenéticamente. Esta es su historia también.

¿Es todo esto de los bebés robados algún artefacto histórico? ¿Algo con lo que al menos podamos consolarnos pensando que sucedió hace mucho tiempo bajo un dictador y que nunca más puede volver a suceder?

Difícilmente.

Si bien esta mafia o red de bebés robados, alineada estrechamente con la iglesia, pudo haber comenzado después de la Guerra Civil española y lo hizo principalmente por razones de venganza y reproducción, aún no se ha desmantelado por completo. Los poderosos y los privilegiados continúan manteniendo registros dañinos ocultos y encerrados lejos de las víctimas, los fiscales continúan cerrando los casos a pesar de la abrumadora evidencia, los funcionarios electos del gobierno continúan señalando obstáculos políticos y legales y afirman que tienen sus manos atadas a pesar de tener el poder de desmantelar cualquier de estos obstáculos, y la iglesia permanece en su mayor parte en silencio, prometiendo solo escuchar a las víctimas de manera respetuosa. Y mientras la presión internacional sobre España para enfrentar de una vez por todas estos crímenes pasados y corregir las cosas continúa aumentando, los líderes de España, especialmente aquellos líderes conservadores vistos como descendientes políticos de Franco, permanecen firmes en su oposición. Algunos incluso han ido tan lejos como para afirmar que todo es "simplemente un engaño elaborado" para tratar de obtener dinero del gobierno. (23)

De nuestra propia investigación, entrevistas privadas y todas las entrevistas filmadas, podemos decir que, si hay un sentimiento general compartido por cada víctima, es que nadie quiere dinero por su dolor y sufrimiento. Solo quieren saber la verdad de lo que sucedió, ver que se haga justicia y, sobre todo, quieren, si es posible, reunirse con sus seres queridos antes de que se agote el tiempo.

"¿Es demasiado pedir por todo lo que nos hicieron?" pregunta una víctima.

45

Obtendremos nuestra respuesta en el Capítulo 2, donde conoceremos a varias de las víctimas de robo de bebés y sus historias en sus propias palabras.

Capítulo 2
Madres que buscan

Antes de Seguir Adelante...

Debe saber que los siguientes casos son todos verdaderos. Hechos no ficción. Todos ellos han sido corroborados por alguna combinación de documentos oficiales, pruebas contundentes, testigos, testimonios jurados, declaraciones juradas, y objetos de interés y recuerdos personales o familiares. En muchos casos, lo que está a punto de leer implica todo lo anterior y más.

Las historias en los siguientes capítulos han sido elegidas porque de muchas maneras son representativas de las miles más que el tiempo y el espacio simplemente no nos permiten cubrir. Este capítulo (Capítulo 2) comparte relatos de primera mano de madres cuyos bebés les fueron robados al nacer. Estas historias representan uno de los tres tipos de mujeres o perfiles típicos que la iglesia y su red criminal especialmente seleccionaban para robarles los bebés: mujeres casadas que previamente habían estado embarazadas y/o ahora estaban embarazadas con gemelos. Los bebés gemelos eran especialmente codiciados por enfermeras, médicos y monjas para robarlos y venderlos ya que podían decirle a la madre que un gemelo murió, pero que deberían "dar gracias a Dios porque uno de los bebés sobrevivió". (1)

Los otros perfiles de víctimas que seleccionaban con mayor frecuencia, como veremos en los próximos capítulos, eran:

1. Mujeres solteras, oprimidas y socialmente aisladas.

2. Mujeres jóvenes casadas de bajo nivel socioeconómico y/o sin estudios o con una educación muy limitada.

Ahora, para poner en perspectiva brevemente cuán comunes eran estos casos de robo de bebés en España, también debemos revelar que los casos y entrevistas que leerá en este libro son solo

47

algunas de las más de 300 entrevistas que hemos realizado desde el 2015. Muchas se llevaron a cabo como parte de la investigación en preparación de nuestro documental, con unas 50 más realizadas durante la filmación. (2)

Nos han preguntado si surgió algún patrón o si hay más víctimas femeninas que masculinas, de dónde son en su mayoría o si la mayor parte eran solteras o casadas cuando fueron victimizadas.

Bueno, después de terminar el documental, volvimos a contrastar toda la información recibida y tratamos de resumir algunos elementos clave sobre todas las personas con las que hablamos antes, durante y desde entonces.

Esto es lo que encontramos:

Edad promedio de los padres biológicos que buscan: 75

Edad promedio de los bebés adoptados que buscan: 48

La mayoría son madres que buscan a sus bebés biológicos.

La minoría son personas adoptadas (más mujeres que hombres buscando)

Década (1970) cuando la mayoría (actualmente buscando) fueron robados

Caso más reciente que conocemos directamente: 2002

Cuando miramos hacia atrás recordando a todas las víctimas que hemos entrevistado, que aún nos mantenemos en contacto o las víctimas que seguimos escuchando de todo el mundo con (tristemente) historias de nuevos casos, lo que más nos sorprende es la similitud de lo que escuchamos.

Es casi como si todos los que participaron en la red criminal de robo de bebés compartieran el mismo tipo de manual sobre cómo cometer estos crímenes, estas atroces violaciones de los derechos humanos. Las mismas mentiras, engaños y métodos de operación se emplean repetidamente contra sus víctimas.

Independientemente del tiempo, ubicación, clínica o década, el "guion" era algo así:

La mujer que iba a dar a luz era drogada, incluso si se había negado a recibir medicación, por lo que su juicio se veía afectado. Luego, la monja o enfermera asistente, o ambas, comenzaban a "preparar" a la futura madre diciéndole que era muy "probable" que su bebé o bebés murieran por una variedad de razones. La más frecuente de estas razones era alguna deficiencia o fragilidad notada por el médico incluso antes de dar a luz. A menudo, el médico citaba alguna deficiencia o condición interna, por lo que era más difícil de contradecir incluso con una revisión cercana del bebé. Tampoco se permitía que ni el esposo ni ningún familiar estuvieran presente durante el parto, y no se le permitía a nadie pasar la noche con la parturienta en el hospital. Únicamente se permitía estar con ella durante las muy limitadas horas de visita.

Solo en raras ocasiones se le permitía a la madre ver, abrazar o incluso tocar a su recién nacido. Se llevaban al bebé inmediatamente a una habitación aparte o a la incubadora fuera de la vista. El estribillo habitual era el mismo: "el bebé está demasiado frágil y debe estar en cuarentena para recuperarse".

Cuando a la madre se le informaba de la repentina "muerte" de su bebé, su solicitud de al menos permitirle ver al bebé era inmediatamente rechazada. Una excepción fue en el caso del Dr. Vela, un ginecólogo acusado de robar cientos de bebés durante los últimos 50 años. Sus víctimas cuentan cómo se les mostraba un bebé muerto y congelado y al que hacían pasar por su recién nacido antes de llevárselo rápidamente. (3)

El acto final de este "guion" compartido era enviar a una monja afectuosa para consolar a la madre e informarle de que el hospital se encargaría de todo para que no se preocupara. Con pocas o ninguna excepción que pudimos encontrar, a todas las madres se les dijo que "usted es joven y puede tener más bebés".

Mientras tanto, a los miembros de la familia se les daba una caja pequeña sellada y se les decía que no la abrieran, ya que hacerlo sería un pecado mortal. Se les decía que en el interior estaban los restos del bebé muerto. Se les ordenaba llevar inmediatamente la caja a un cementerio cercano para enterrarla. Solo así, se les decía, sería bendecido el espíritu del bebé. Solo más tarde, cuando reunieron el coraje para cometer un "pecado" contra Dios, descubrirían que la caja estaba vacía o llena de arena.

El "guion" incluso parecía inclinarse hacia un día y una hora preferidos de la semana para cometer estos crímenes. Como nos dijo una exmonja que trabajaba en una de las clínicas más notorias donde el robo de bebés era desenfrenado: "Los domingos, se nos prohibía severamente ir al segundo piso donde estaban muchas de las futuras madres a punto de dar a luz. Excepto por algunos visitantes que entraban por las entradas laterales, no había nadie más alrededor. Se informaba a las madres que sus bebés habían muerto en las primeras horas de la mañana, generalmente alrededor de la 1:00 a 3:00 de la madrugada. Todas nos imaginábamos lo que estaba sucediendo, pero temíamos cuestionar a nuestras superioras". (4)

Como nos dijo María Consuelo, una víctima: "Qué irónico era que el domingo, el supuesto día más sagrado era el día en que me robaron a mi bebé. Nada menos que por una monja". Y como veremos pronto, ella estaba lejos de ser la única.

"Mamá, por favor, no salga, no sea que también maten a la otra bebé".

Paquita no era, como ella dice, "una delicada florecita".

Cuando tenía 27 años, casada y a punto de dar a luz, no tenía idea de que llevaba gemelos. Aunque su médico y enfermera lo sabían, le ocultaron este detalle hasta después del nacimiento. Mientras nos relataba aquellos momentos vividos antes del parto, sus recuerdos eran vívidos y claros, como si todo hubiera ocurrido ayer. De hecho, tuvo lugar en el año 1962.

Ahora, a los 84 años, con una voz todavía fuerte y totalmente animada, Paquita comenzó: "Fui al ambulatorio a ver al médico porque tenía una cita para una revisión. Me asignaron el número 41, pero cuando me senté en una silla pequeña que había en la sala de espera sentí un dolor agudo en el riñón y otra mujer que también estaba esperando en la sala me dijo: 'A ver si vas a dar a luz aquí mismo.' Me levanté para avisar a la enfermera y rompí aguas, y mi suegra que estaba conmigo fue a decírselo al médico y él preguntó: '¿Qué número lleva?' Y ella contestó: 'el 41', y él respondió: 'entonces ella entrará cuando llamen su número y ni un momento antes'.

Otra mujer que también estaba esperando fue a su casa que estaba cerca y me trajo toallas porque yo estaba toda mojada. Finalmente, después de varios minutos llamaron mi número y entré a ver al médico. Él dijo: 'Así es como me gustan las mujeres, valientes'. Estaba confundida, ¿valientes? Él dijo: 'Sí, valientes, no como su suegra que vino y (haciendo una voz burlona) estaba llorando, doctor, mi nuera está muy enferma, ha roto aguas'. Continuó: 'No, me gusta que las mujeres sean valientes como usted, no quejicas'. Después de estudiarme brevemente, dijo: 'Bien, la ambulancia puede llevarla al hospital'. Dije: No, que prefiero que mi marido me lleve. Luego, el médico de manera brusca simplemente dijo: 'Bien, entonces váyase'".

Paquita hizo una pausa en el recuento de su historia para nosotros y para nuestras cámaras y preguntó: "¿Es esto lo que les interesa? No es aburrido, ¿verdad?"

"En absoluto", respondimos, "por favor continúe cuando esté lista".

"Bueno, cuando finalmente llegamos al hospital de Alicante, me llevaron a una sala de espera que tenían para las "quejonas" y me quedé allí sentada durante unos 10 o 15 minutos. Luego vino una enfermera y finalmente me llevó a la sala de partos. Allí había 2 o 3 enfermeras y me acostaron detrás de una cortina. No podía ver nada de cintura para abajo, pero escuché la voz de mi médico hablar con la enfermera, susurrando para que no pudiera oírlos. Pero cuando nació el primer bebé, claramente escuché a las enfermeras decir en voz alta, muy casualmente, como si hubieran dicho esto muchas veces antes, 'Qué niña tan preciosa', y luego unos segundos después, cuando nació la segunda niña, dijeron: 'Qué birria de niña'.

Luego me llevaron a una habitación y solo me permitieron ver a la 'niña birria'. A la 'preciosa' nunca me la trajeron para tenerla en brazos o verla. María José (su hija adulta) era la más pequeña y fue la única que me dieron en ese momento".

Mientras hablábamos con Paquita en su casa, su segunda bebé, ahora adulta, llamada María José, se removió en su silla mientras observaba y escuchaba a su madre contarnos su historia. Sorprendida de que estaba siendo tan abierta con nosotros, no pudo evitar exclamar divertida, '¡Yo, la birria todavía estoy aquí!'

Su madre continuó.

"Se llevaron a las dos bebés y me dijeron que era para bañarlas. Alrededor de la medianoche o una de la madrugada, una de las enfermeras se me acercó y dijo: 'Sabes, una de tus bebés, la más grande está enferma'. Yo estaba somnolienta y mareada por las drogas que me habían dado, aunque yo no las pedí, y era como si me estuviera diciendo: '¿Quieres ir a pasear? O algo así' Estaba sedada y solo unos minutos después, o eso me pareció, ella regresa y ahora me dice: 'Sabes, la bebé… ha muerto. Murió justo antes del amanecer. No pudimos ponernos en contacto con nadie'.

Yo estaba sola".

Paquita hizo una pausa para recomponerse y continuó.

"Cuando mi madre vino a visitarme a las 3:00, esa misma tarde, pidió ver a las dos mellizas. Le dije que una había muerto. Se enojó mucho, se puso muy alterada y cuando se dirigió hacia la puerta para salir de la habitación y buscar a la enfermera, no sé qué me empujó a decir esto, pero le dije: 'Mamá, no salga, no sea cosa que también maten a la otra'.

Mi madre se quedó conmigo hasta que finalmente nos trajeron a la bebé sobreviviente, la 'birria', mi hija, María José.

Le dijeron a mi marido que fuera a la verdulería de al lado y que trajera una caja para la fruta, pequeña de madera para poder colocar a la bebé muerta. El doctor dijo que era para 'el feto'. Eso es lo que él llamó a mi bebé. Mi esposo con gran pesadumbre hizo lo que le dijeron. Cuando regresó con una cajita, le dijeron que esperara allí mientras ellos se fueron con la cajita a otra sala.

Unos minutos más tarde le dieron la caja, ahora claveteada, y le dijeron que fuera inmediatamente al cementerio que ya iban a cerrar. 'Vaya rápido, corra antes de que cierren y no abra la caja, que es pecado'. Cuando se iba, nuevamente gritaron: 'Dese prisa que el sepulturero está esperando a que usted le lleve la caja para enterrarla.' Se fue apresuradamente y se subió a un taxi. Fue al cementerio y enterraron la cajita claveteada en una fosa común sin señalizar".

Durante años, Paquita y su esposo reprimieron sus dudas y sospechas sobre lo sucedido. Su esposo siempre le decía a Paquita que todo lo sucedido no tenía sentido y se preguntaban por qué nunca se les permitió ver a su bebé, viva o muerta. Pero no cuestionaron completamente lo que sucedió, la idea era demasiado loca. Pero cuando otros casos similares comenzaron a recibir atención nacional a partir de los esfuerzos de los activistas, y las cadenas televisivas comenzaron a presentar historias de bebés robados, se permitieron pensar lo impensable: ¿podría haberles sucedido realmente a ellos también, como les insistía su corazón?

Junto con su hija sobreviviente, comenzaron a investigar en el 2011.

"Descubrimos que en el hospital donde di a luz no hay evidencia ni registro de que haya estado allí. Los funcionarios del hospital nos dijeron que no existe historial médico, que pudo haber sido destruido en las inundaciones de 1982. Verificamos con el Registro Civil de Alicante. Allí es donde se guardan todos los registros de los nacimientos de bebés que no sobreviven durante al menos 48 horas (legajo de aborto). Pero ahí nos dijeron que no existía documentación antes de 1978 porque todo estaba mal ubicado o perdido en el traslado de oficinas de un edificio a otro".

Paquita nos mostró el certificado de nacimiento del bebé sobreviviente, que se registró en gran parte en blanco y con irregularidades e información falsa.

Ella explica:

"El certificado de nacimiento de María José se dejó en blanco. Se suponía que la información sobre su nacimiento se había completado aquí, pero no fue así. También debería haberse anotado que ella era melliza, una de dos (nacimiento múltiple) pero no fue así. Se trazó una línea a través de esa parte que indica que no había otro bebé a pesar de que había nacido otro, no fue abortado. Pero al hacer que la información de María José desaparezca y sea falsa, también hace que todos los involucrados desaparezcan, como el nombre del médico y la enfermera.

En la licencia de enterramiento no hay nombre de ningún médico que lo firme, aunque debería estar el nombre del médico. Aquí, solo insertaron el nombre de mi marido, Antonio. Tampoco hay un certificado de enterramiento en este caso y por ley siempre debe haber uno.

Ella (la preciosa) fue enterrada en una fosa común que debe ser solo para bebés abortados. Nosotros teníamos nuestro propio

54

seguro de entierro privado y la habríamos enterrado en una tumba privada, pero no tuvimos esa oportunidad".

El caso de Paquita, que fue uno de los 261 casos que formaron parte de una demanda colectiva presentada por Enrique Vila y Antonio Barroso ante la Fiscalía General del Estado en el 2011, finalmente llegó a un fiscal local en Alicante.

"Entonces, después de más de un año de investigación, nuestro fiscal finalmente revisó nuestro caso y acordó que había una serie de irregularidades y registros falsos. Entonces, en enero del 2012 ordenó una exhumación judicial de la fosa común para confirmar su lugar de enterramiento. Siguiendo la descripción y las coordenadas que mi marido le proporcionó al arqueólogo, encontraron los restos de una caja de comestibles muy dañada y vacía. Alrededor de la caja había varios huesos de recién nacido en descomposición. El proceso de extraer ADN de los huesos y analizarlos llevó otro año más. Finalmente, en el 2013, nos dijeron que el resultado de las pruebas fue negativo. No había coincidencia genética entre los huesos encontrados fuera de la caja vacía conmigo o mi familia".

Mientras trataban de asimilar esta noticia traumática, Paquita y su familia recibieron otra ronda de malas noticias. El fiscal llamó y les informó que necesitaban llevar a cabo una segunda exhumación. La razón, les dijeron, era simplemente confirmar el hallazgo de la primera exhumación.

"¿Era este el procedimiento normal y estándar?"

"Claro", les dijeron.

Sin embargo, esta segunda exhumación se realizó de manera muy diferente. "El ayudante del cementerio municipal que realizó nuestra exhumación la primera vez y había trabajado allí durante más de 30 años fue despedido repentinamente sin ninguna razón. Ahora, este nuevo tipo nos dijo que él (el ayudante anterior) había excavado en el área equivocada. Le dijimos que no, que había seguido las coordenadas exactas dadas por mi marido".

Pero el nuevo nos ignoró y excavó en una zona muy alejada de donde estaba enterrado nuestro bebé. Después de 9 días de excavaciones, no se encontró nada.

Nuestro caso fue *archivado* por falta de pruebas".

Paquita se inclinó hacia delante y nos confió que "mi esposo siempre se sintió culpable por no abrir esa caja".

Hoy, su hija sobreviviente, María José, continúa buscando y es fundadora y actual presidenta de la asociación de bebés robados de Alicante (*Asociación Víctimas de Alicante*).

María José nos explicó lo que se estaba volviendo tan claro en todas nuestras entrevistas, que la "Mafia" estaba buscando gemelos, y que el bebé más grande, el considerado "más sano o precioso" que el otro era especialmente codiciado.

"De esta manera", nos dijo, "se aseguraban de que la calidad del 'producto' (el bebé) fuera buena, y de que no se enfermara y muriera antes de ser vendido. El bebé más pequeño o enfermizo se dejaba con la madre, de esa manera, si ese moría, no arruinaba sus transacciones comerciales y sus ganancias".

El esposo de Paquita murió sin saber la verdad.

Sus últimas palabras antes de morir fueron: "Paquita, sigue buscando a nuestra hija. Está viva".

Mientras Paquita terminaba de compartir su historia, Laura, una buena amiga de su hija, María José, se removió incómoda. Escuchar la historia de Paquita le trajo recuerdos de su propia historia, la búsqueda de su bebé robado, y se apresuró a contarnos. En verdad, sus recuerdos, como nos confió, nunca se apartan de su mente. Es como un dolor terrible que nunca desaparece y para el cual no hay alivio. Aun así, quería que el mundo supiera lo que le hicieron a ella y a su familia. Durante años fue advertida, amenazada por funcionarios de no contárselo a nadie.

"Ya no tengo miedo".

Laura Perales comenzó su historia,

"El 3 de julio de 1980 tuve una cesárea… ya había tenido un niño 4 años antes y me dijeron que no sabían cómo pude volver a quedar embarazada debido a una condición que tengo que no permite que el útero se abra completamente y haga que quedarme embarazada y dar a luz sea casi imposible. Con esta condición, los huesos no se abren por completo, no hay dolores de parto ni nada, y el niño puede asfixiarse por dentro.

No hace falta decir que tuve muchos problemas para dar a luz a mi primer bebé y, con este (el segundo), programaron una cesárea. Este segundo bebé, llamado Javier, estaba programado para tenerlo un lunes, pero un viernes el médico de guardia me ve y me dice que no hay porqué esperar y quiere preparar el parto ya sin previo aviso ni notificación.

Entonces, me llevaron de inmediato al quirófano para hacerme una cesárea ya, así fue, dijeron que no hay que esperar al lunes y lo hicieron el viernes. El Dr. Marín me iba a hacer una cesárea, que era el que me iba a ver al hospital, porque yo estaba ingresada, me ingresó 20 días antes, pero el viernes me la hizo el de guardia.

Vino a mirarme por la mañana y le dijo a la enfermera 'llévala allí que voy a hacer la cesárea y ya estoy en camino'. Le preguntó a la enfermera, '¿ha desayunado?', Y ella dice, 'no, porque van a hacerle un análisis de sangre', y él dice, 'no es necesario, llévala ya al quirófano', y él hizo mi cesárea.

Inmediatamente después de terminar, me entregaron a mi hijo y nos llevaron a la habitación. Viene mi suegra, mi marido también. Mi madre ya estaba en el hospital, ingresada, porque estaba muy enferma y se estaba muriendo de cáncer de estómago. El resto de mi familia no pudo venir.

Mi suegra se va porque al día siguiente mi cuñada se casaba, pero mi marido se queda conmigo. Le doy el biberón a mi hijo, soy una sobreviviente de cáncer de mama, me habían operado 16 años antes y me quitaron las glándulas mamarias, y no tengo leche, así que tuve que darle un biberón al bebé.

El bebé Javier lloraba mucho. Le dimos biberones todo el día y al día siguiente entra una enfermera y dice: 'Vamos a llevar al bebé a hacerle una prueba, porque como tú has tenido cáncer y eres RH- también, pues vamos a hacer más pruebas'. Mi esposo dijo: 'Bueno, esperaré a que vuelvan', y la enfermera dijo: 'No, no, no, vaya al registro', pero él dice 'Es sábado', y ella le dice 'Debes ir a registrar al bebé ahora, pero si quieres, cuando vuelvas, toca el timbre y te traemos al bebé, no hay ningún problema'.

Entonces mi marido va al juzgado a intentar registrar al bebé, aunque es sábado y me quedo sola, y me dicen: 'Mira, porque está llorando, dale el biberón a tu bebé ahora mismo y luego nos lo llevamos a descansar'.

Le di el biberón lo más rápido que pude y se lo llevaron, y nunca más me lo trajeron.

Nunca volví a ver a mi bebé Javier.

Cuando mi marido regresó, quería ver al bebé y no estaba, entonces se puso muy nervioso y golpeó con el puño el mostrador de recepción porque ya eran las 5 o 6 de la tarde y todavía no habían traído al bebé, desde las 11:00 de la mañana que se lo llevaron. Entonces la enfermera llama a un celador para que eche a mi marido a la calle, y le dan un arresto temporal de 24 horas sin poder entrar al hospital.

Más tarde, después de echarlo, volvió con su hermano porque quería ver a un pediatra para preguntarle dónde estaba nuestro bebé y por qué nadie se lo decía, pero lo cogieron y le dijeron 'Mira ahora estarás 48 horas en lugar de 24 sin poder entrar'. Mi cuñado se lo llevó a Villena porque allí vivíamos, y mi suegra se quedó conmigo. Tan pronto como llegaron a casa, el hospital lo llama y le dice que el bebé había muerto. Por supuesto, regresó enseguida, imagínense. Luego, cuando llegó al hospital a las 12 del mediodía Le dijeron que no podía ver al bebé porque estaba muy morado y que debía esperar hasta el día siguiente. Esto naturalmente enfureció aún más a mi marido y les gritó y por eso lo echaron a la calle y no lo dejaron entrar a la habitación. Se quedó en la puerta del hospital toda la noche y al día siguiente le dijeron que ya podía subir a la habitación.

Pero a esta hora, ya eran las 7:00 de la mañana, el personal y los trabajadores habían cambiado de turno. Mi marido le dijo a uno de los nuevos guardias que quería ver al bebé y que haría lo que fuera necesario para verlo. El guardia le dijo: 'Si te calmas y no das un espectáculo te dejamos llevar al bebé para que lo entierren, y si no, se queda aquí para experimentar con él'. Llamaron a mi bebé Javier 'un feto', pero era un bebé de casi 3 días y pesaba 4 kilos.

Mi marido estaba llorando, estaba muy mal, y dijo: 'No quiero que se lo queden para experimentos y lo desmiembren'. Luego su hermano fue a la funeraria y compró un ataúd, pero en el hospital, le dijeron que él no podía llevárselo, que el bebé tenía que ir directamente a la funeraria. No nos dieron un certificado de defunción y luego, al no tener el certificado, nos obligaron a enterrarlo en una fosa común, cuando teníamos nuestro nicho privado comprado. El médico nunca vino a verme ni a quitarme los puntos, nada. Después de 8 días me dieron de alta, con una cesárea debes quedarte 8 días. Tenía una compañera de habitación en el hospital que tuvo una niña y desapareció. Le dijeron que su bebé también murió. El mismo día que se llevaron a mi bebé Javier, se llevaron a la bebé de mi compañera.

Laura prosigue de manera suave pero firme:

59

"Después de enterrar al bebé, en el cementerio le dicen a mi marido que le enviarán el certificado de defunción por correo, que así se hace. Una enfermera a quien nunca vi antes me dijo que ya me podía ir a casa. Tengo un alta del nefrólogo, porque tengo un problema de riñón desde antes de que naciera el niño y eso lo tenía muy controlado. Pero el médico y la enfermera del parto de mi bebé nunca me dieron el alta oficialmente. Me dieron una tarjetita y luego dijeron: 'Te enviaremos todos los papeles, no te preocupes, nos encargaremos de todo'.

He tenido que pedirlos ahora con una orden judicial porque nunca recibí nada. Veintiún años después del parto, llamaron a mi hijo al servicio militar, y fue etiquetado como fugitivo.

Hace unos siete u ocho años fui al hospital a pedir papeles porque necesitaba los papeles de mi hijo y para saber de qué había muerto y me dijeron que no había dado a luz allí.

Como soy muy cabezota y odio que me mientan, volví al hospital varias veces. Una vez me dijeron que la inundación de 1980 destruyó todo. Pero el caso es que nunca hubo una inundación aquí (en Alicante), hemos sufrido terribles sequías durante décadas.

Una vez fui a buscar el historial médico del nacimiento de Javier y otra mujer estaba a mi lado pidiendo el de su bebé que nació en 1980. Mientras estaba allí, no podía creerlo, pero unos minutos más tarde la mujer sale con los documentos del nacimiento de su bebé. Sin embargo, a mí de nuevo me los negaron. Me enfadé tanto que fui a la comisaría y los denuncié por mentirme y no darme mis papeles legales. Mi denuncia llegó al tribunal local. Por casualidad, el día que se revisó mi denuncia hubo una manifestación, una protesta de muchos bebés robados en la puerta del juzgado. También estaba María José (la hija adulta de Paquita). Me uní al grupo, pero en ese momento realmente no sabía nada sobre los bebés robados o lo mal que estaba la cosa en toda España antes de conocerlos a ellos".

En este momento, María José, que estaba sentada junto a Laura durante nuestra entrevista, intervino brevemente diciendo que la manifestación fue uno de sus primeros intentos reales de concienciar a los tribunales de todos los encubrimientos, y ninguno de ellos sabía qué esperar.

Laura continúa:

"Todos pedimos nuestros papeles (certificado de nacimiento de nuestros bebés) y finalmente salió el juez Carlos Ferreiros para dispersar a la manifestación. Nos ordenó que nos fuéramos, pero nos dio a muchos de nosotros una breve audiencia para escuchar nuestras quejas. Todos hablamos con él. Le expliqué mi caso y me dijo que iba a solicitar todos los papeles en mi nombre. Más tarde, me informó que, si bien pidió a los funcionarios del hospital mis registros, le dijeron que 'no había nada allí y que no había dado a luz en ese hospital, que nunca había puesto un pie dentro del hospital'.

Cuando le dije al juez que todo esto eran mentiras, él dijo: 'Bien, ordenaré que se abra la tumba (exhumación)'. Esto fue en el 2011. La tumba de mi bebé se abriría el mismo día que la tumba de la bebé de Paquita.

El día de la exhumación fue horrible. Nadie estaba preparado para hacerla. Se hizo tan mal… Carlos (Juez) me dijo que como ya eran las 3 de la tarde, cuando llegaron a la mía, ese día no podían hacerlo. La exhumación de María José se hizo muy mal, cavando durante horas y luego no encontraron nada, su padre lo pasó muy mal, estaba muy disgustado.

El juez Carlos dijo: 'La semana que viene abrimos la tuya', y después de tres días habló informalmente con otro juez mientras tomaba una taza de café y le dijo a ese juez lo mal que había ido la excavación y que tenía que intentarlo de nuevo. El juez le preguntó de quién era el caso y él dijo que era Laura Perales y el otro juez dijo: 'Ah, tengo su denuncia de hace 2 años, creo que podemos abrirla'.

El 10 de mayo realizaron la segunda exhumación. Mi cuñado vino conmigo porque mi marido había fallecido recientemente y ellos (su esposo y su cuñado) fueron los dos que originalmente enterraron la cajita.

Mi cuñado describió cada detalle del ataúd, era beige con puntas redondas, tenía un borde dorado alrededor, le dio al juez toda la información. Durante la excavación descubrieron que nuestra caja, después de tantos años de estar enterrada, se había hundido aproximadamente 1 metro más profundo. Cuando lo descubrieron y lo abrieron, el ataúd estaba intacto, tal como lo había descrito mi cuñado.

Cuando abrimos la caja, el ataúd, ¡había dentro el brazo de un adulto! Eso fue todo.

Inmediatamente, el arqueólogo del gobierno y el juez ordenaron sellar toda el área cercana y alrededor de la tumba. Le pusieron un cerco temporal alrededor, lo cerraron al público y ordenaron a todos los medios de televisión y periodistas que se fueran. Lo convirtieron en un *secreto sumario* (un asunto confidencial) y nos dijeron que no podíamos hablar con nadie y nos advirtieron: 'Si dices algo, todo está perdido. Todo se hará desaparecer'. Pensé que me iban a ayudar, pero no pude decirle nada a la prensa, ni a la televisión, a nadie. Ni siquiera a otros miembros de la familia.

Antonio Barroso (abogado y colega de Enrique Vila) vino de Madrid y no lo dejaron entrar al cementerio y Enrique Vila vino de Valencia y tampoco lo dejaron entrar y se fue. Barroso se quedó con otro abogado que trajo de Madrid.

Finalmente, tal vez por la presión que ejercíamos, nos dijeron que el motivo del brazo en nuestra caja era que acostumbraban a enterrar las amputaciones en un ataúd. Y dijeron que 'los nervios del brazo adulto se comieron los huesos de mi bebé, que los nervios del brazo habían absorbido a mi bebé'.

El gobierno se llevó el brazo para ser analizado. El arqueólogo y el forense dijeron: 'Vamos a cavar más, porque puede ser que el brazo se haya quedado, pero el bebé se haya hundido'. Luego cavaron más y había otro ataúd, y dijeron: 'El bebé debe haberse metido en este otro'. Abrieron el de abajo y dijeron: 'Oh, no hay nada, lo vamos a cerrar todo'. Me dijeron: 'Tu bebé se ha evaporado'. Se miraron y dijeron: 'Puede ser que los movimientos de la tierra hayan extraviado los restos'. Luego, cavaron más y dijeron: 'Oh, aquí hay huesos'. Abrieron ese, que tenía un bebé. Abrieron un total de 5 tumbas. Desde las 8 de la mañana hasta las 4 de la tarde cavaron y abrieron tumbas hasta que terminaron.

Fue horrible, de las cinco, solo sacaron restos de dos de las tumbas, tres de ellas estaban vacías. Los restos eran ambos de niñas. Pero yo tuve un niño. Me dijeron que me hiciera una prueba de ADN para demostrar que ninguno de los dos bebés descubiertos era el mío. Pero como yo había tenido cáncer antes de tener al bebé, pensaron que tal vez mi ADN cambió, así que, debido a eso, le hicieron la prueba de ADN a mi primer hijo.

Esperamos otros 6 meses hasta que recibimos noticias del gobierno. Nos informaron que, si bien el ADN no coincidía con los restos de las dos niñas, aún era posible que yo hubiera engañado a mi marido. ¿Puedes creerlo?

Entonces, exhumaron los restos de mi marido fallecido hace más de 30 años y extrajeron un poco de médula ósea para hacer pruebas de ADN. Luego, me hicieron ir a Villena a pedir un certificado de buena conducta, del Ayuntamiento, para certificar que me llevaba bien con mi marido, que éramos una familia normal, que no tenía problemas con mi familia, que nuestra economía (las finanzas del hogar) era buena. Incluso pidieron al

Banco de España un estado de cuenta financiera (para demostrar que no éramos indigentes ni corruptos). Mientras recogían todo, pasó otro año. Un año después de eso, me informaron que debía pagarle a un abogado porque el juez no puede leer la sentencia (resultado de las pruebas y la denuncia) sin un abogado que me represente en la corte.

El juez nos dijo que los restos eran en realidad de dos niñas pero que no podía continuar porque le habían cortado las alas. Él dijo: '¿Vas a apelar?' Y mi abogado dijo: 'Sí'. El juez dijo: '¿Qué debo poner en el formulario? Porque esto es un robo flagrante'.

El juez volvió a decirnos que para apelar tenía que escribir algo, y dijo 'Bueno, podemos poner que no hay dinero para seguir buscando posibles restos en la fosa común'. Eso fue lo que hicimos. Y apelamos al juez de primera instancia. Inmediatamente negó nuestra apelación y dijo: 'No voy a aceptar un caso de bebés robados, no lo admitiré'. También nos dijeron que mi abogado no puede preguntar porque no hay causa, no lo reconocerían como bebé robado. Tampoco se encontró nada para María José y le dijeron que su padre estaba confundido sobre la ubicación correcta del ataúd y que no seguirían buscando. Somos los únicos en Alicante que hemos hecho exhumaciones y no se ha encontrado nada. Debemos ser fuertes pase lo que pase por todos los demás a los que se les ha negado.

Mientras todo esto sucedía, un trabajador del cementerio que se sentía mal por nosotros nos dijo que 'Nunca vas a encontrar nada, aquí se entierran ataúdes de bebés vacíos todo el tiempo'. Cuando tratamos de hablar con él algunos días después, para venir a la corte a declarar, nos enteramos de que lo habían despedido y ya nadie sabía dónde vivía".

Laura hizo una pausa para recoger algunos de sus papeles y documentos que tenía consigo. Comenzó a mostrárnoslos y resumió su contenido.

"Un juez obtuvo un documento que dice que me dieron el alta del hospital con mi bebé de manera favorable. Otro documento aquí dice que operaron a mi hijo porque tenía cáncer de pulmón al nacer. Otro papel dice que durante cinco horas no hubo pediatra para firmar el certificado de defunción y como era tarde en la noche nunca se firmó. Este papel (sostiene un papel) dice que murió de problemas respiratorios y que le iban a hacer una ecografía de tórax, pero la máquina estaba rota. Tengo testigos, mis cuñadas, que vinieron al hospital y vieron al bebé y estaba bien. Llamaron a mi cuñada para declarar y ella dijo que le dio un biberón al bebé el tercer día por la noche y él estaba bien, ese es el día que dijeron que le operaron el pulmón. Una amiga mía declaró y dijo formalmente que mi bebé estaba perfecto y que vio cómo mi cuñada le daba el biberón y le cambiaba el pañal. El tribunal ha 'perdido' esa declaración de mi amiga. El juez le dijo a mi abogado: 'No pidas más cosas que no puedo darte'. El año pasado (2017), me llamaron a la corte y un juez diferente dijo que no iba a ver mi caso hasta que me presente en la corte con mi hijo supuestamente robado y una prueba de ADN que demuestre que es mío.

Después de todos estos años, ¿cómo voy a encontrarlo ahora?"

Laura recordó un detalle importante de su estancia en el hospital.

Continuó diciendo:

"Una mujer de San Vicente, que se negó a declarar porque tiene miedo de lo que le hagan, dijo que llegó al hospital con una almohada en la barriga y un millón de pesetas. Tenía dos habitaciones de hospital a su nombre, la 103 y la 107, aunque solo estaba en una. Nunca se cambió de habitación. Esta mujer salió del hospital con su certificado de nacimiento y una niña recién nacida. ¡Fue ingresada durante dos días en el hospital sin nada más que una almohada! Al día siguiente le dieron el alta y se fue a casa con esta niña cuya madre estaba en otra habitación. Ahora esta mujer está teniendo muchos problemas con su hija. La niña fue registrada como su bebé biológico. Ellos (la mafia) le dijeron: 'Si lo quieres (el bebé) como biológico, es 1 millón de pesetas, como adoptado son 3.000 euros, medio millón de pesetas'.

A veces me hundo y creo que no puedo continuar, luego, de alguna manera, me recupero y sigo adelante. Por el bien de mi bebé".

"Me llamaron loca. Pero una madre siempre lo sabe."

Josefa Verdejo, sentada en el sofá de su sala con su hija **Mari Feli** y su marido, nos contó su historia, a Mara en el 2017 y nuevamente para nuestras cámaras en el verano del 2018. "Había dado a luz a cuatro bebés antes, cada vez fue perfecto, sin problemas. Esta última vez ya era mayor (41 años) y hubo complicaciones. Tuve que quedarme gran parte del día en cama, me sentía muy mal. No quería comer ni beber ni hacer nada. Me sentía fatal. Fue un mal embarazo. El peor.

Entre el séptimo y el octavo mes de embarazo sufrí una hemorragia y tuve que quedarme todo el tiempo en cama y mi médico me ordenó ir al hospital de Alicante, y estuve allí 8 días. Luego me dijeron que estaba bien para irme a casa. Pero solo 2 días después, empeoré. Más sangre, dolor y náuseas. Me llevaron a urgencias, al hospital, y cuando llegué había perdido mucha sangre. En el hospital me tuvieron que hacer una transfusión.

Se tomó la decisión de hacerme una cesárea de emergencia para tener al bebé. En realidad, eran dos niñas y ambas nacieron vivas. Era el día 6 de noviembre y eran las 6:00 de la mañana. Una de las gemelas pesaba 1,850 kilogramos y la otra pesaba 1,600. Toda mi familia estaba conmigo y vio a ambas bebés. Todos dijeron lo saludable que se estaban las dos.

Pero menos de 48 horas después muy temprano en la mañana le dijeron a mi esposo que una de mis bebés había muerto pero que no nos preocupáramos, ellos se encargarían de todo, del costo del entierro, de todo.

Cuando mi marido y su hermana pidieron ver al bebé, porque yo estaba demasiado enferma en ese momento, se negaron. Quería ver a nuestra bebé muerta y enterrarla, pero no se lo permitieron. Teníamos un seguro de enterramiento y nos ofrecimos a pagar, pero dijeron: 'No, ahora está fuera de sus manos'. Su excusa fue que ya lo habían hecho todo".

Josefa hace una pausa para recomponerse y continúa.

"Nunca he ido a llevar flores a la tumba, ni siquiera pensé en hacerlo porque para mí, sabía que ella todavía estaba viva.

Una vez que llegué a casa y me sentía mejor, les decía a todos que se llevaron a mi bebé y que ella no murió, y todos decían: "Estás loca, no sabes de lo que estás hablando, eso nunca sucedería".

Pero para mí está claro, se llevaron a la bebé más grande y saludable y dejaron a la más pequeña y enferma".

[Josefa mira a su hija y al marido de su hija, se recuesta lentamente en el sofá y reflexiona un momento].

"Más tarde, empiezas a pensar y te preguntas, ¿cómo pudo pasar esto?

Durante mucho tiempo, intentamos vivir con la verdad, sabiendo que no había nada que pudiéramos hacer. Nadie nos creía.

Pero un día mi hijo vio a una chica idéntica a su hermana en una boda. Ella era una de las camareras. Se quedó helado, la miraba fijamente, sin saber qué decir o hacer. Finalmente, dijo: 'Te pareces a mi hermana'. Otra camarera nos dijo más tarde que esta chica fue adoptada, y ella le había contado que su madre biológica supuestamente murió al nacer y que fue comprada por su padre adoptivo. Mi hijo llegó a casa descompuesto y me dijo: 'Mamá, tenías razón todos estos años. No estás loca'.

Supongo que las madres de alguna manera pueden sentir estas cosas.

Desde ese momento hemos estado buscando, tratando de localizar a esta chica. El próximo septiembre harán 15 años buscando (del 2018)".

[Josefa nos muestra una foto de dos niñas gemelas].

Nos explica:

"Esta es una foto de la niña sobreviviente cuando era muy pequeña, fue tomada frente a un espejo, parece que las gemelas están juntas, como deberían haber estado.

Empezamos a buscar antes de que aparecieran muchos casos en las noticias. Intentamos poner fotos (de la hermana gemela sobreviviente) por todas partes y mucha gente se nos acercaba y nos decía que su cara les resultaba muy familiar. En el 2004 hicimos una entrevista con nuestro periódico local y luego algunas estaciones de televisión locales comenzaron a llamarnos para entrevistarnos, e hicimos muchas. Estamos en la asociación de bebés robados (AVA) y vamos a muchas reuniones, muchas manifestaciones, pero no encontramos nada.

Después del 2011, cuando se archivaron todos esos casos (la demanda colectiva presentada por Enrique Vila y su colega), la gente finalmente comenzó a creer que sí, que esto sucedió realmente. Y tal vez, solo tal vez, no estaba loca.

Todos escuchamos las mismas excusas de por qué no podemos ver registros, archivos o documentos. Las inundaciones los arruinaron, o fue algún incendio o las ratas se comieron los documentos. Mentiras, todo mentiras".

[En este momento la hija de Josefa, Mari Feli nos cuenta dónde se encuentran ahora en su búsqueda]

"Todos esperábamos que con el cambio de gobierno en España las cosas cambiaran, pero lamentablemente sigue igual. Creemos que mucha gente poderosa está involucrada en este encubrimiento porque de otra manera no les importaría que viéramos nuestros papeles, nuestros documentos. Entonces realmente investigarían. Pero no lo hacen. Seguiremos luchando, pero la gente se cansa. Empezamos fuertes, pero ahora es una pena, cada vez menos personas asisten a las reuniones y luchan cada vez menos".

Josefa se inclina hacia adelante, "Sabes que las últimas palabras de mi marido fueron 'María José', que es el nombre de mi bebé robada".

"No queremos dinero. Solo queremos a nuestros hijos. Para abrazarlos y hacerles saber que tienen una familia esperándolos con los brazos abiertos".

Lidia Acebo se reunió con nosotros con la condición de que no reveláramos el lugar de la entrevista. Así lo hicimos.

Ella y otros miembros de ABRA, una asociación de bebés robados, compartieron sus historias con nosotros. Todos traían documentos, certificados, papeles, licencias, y registros médicos y hospitalarios. La cantidad de evidencia que todos tenían era abrumadora. Y, sin embargo, cada uno de sus casos fue *archivado* por una supuesta falta de pruebas. ¿Cómo puede ser esto?, nos preguntamos.

Lidia, que es la actual presidenta de ABRA, nos explicó cómo, a modo de compartir también los detalles íntimos de su propia historia.

"Me dijeron que tuve un bebé varón. Solo vi al bebé en pañales, así que no lo sabemos con certeza. Sabemos que a otros les han mentido.

Nació a los 8 meses sin problemas. Fuerte, muy saludable. Como nació prematuramente, lo bautizaron. Estaba ganando peso. Mi esposo lo iba a ver todos los días al hospital. Yo tenía ciática y no podía ir a verlo.

Yo era joven, solo tenía 16 años en ese momento, pero siempre quise ser madre. Llamaba al hospital todos los días por la mañana a las 8:00 para ver cómo estaba mi bebé. Siempre decían que estaba bien. Pero una mañana después de que me volvieran a decir que estaba bien, mi esposo fue esa noche al hospital a ver al bebé, le dijeron que había muerto la noche anterior, aunque a mí me dijeron que estaba bien a la mañana siguiente. Le mostraron a mi marido un bebé que era muy pequeño, no nuestro bebé, y estaba cubierto de gasa, vendado. Solo se podía ver un poco su carita que estaba morada, y el cuerpo estaba muy frío. Nos dijeron que se ocuparían de todo y que no nos preocupáramos por el entierro. Mi marido fue al entierro por los dos. Supuestamente enterraron a mi hijo en una fosa común en 1967 a pesar de que, por ley, se suponía que era solo para bebés abortados y mi bebé había vivido varios días.

Era muy protector conmigo y no quería que sufriera aún más. Cuando llegó a casa, me dijo que la caja en la que supuestamente estaba el bebé ya estaba sellada antes de que pudiera ver al bebé adentro y que no pesaba nada. Muy ligera. Pensó que podría haber estado vacía. Él era carpintero de oficio y él les había traído la caja de madera para nuestro bebé, sabía su peso.

Siempre pensamos que nos robaron el bebé. Siempre hemos tenido que vivir con ese conocimiento.

Mis hijos siempre supieron que había nacido un hermano antes que ellos, pero no se lo dijimos a nadie más. Justo después de que me lo quitaran se lo conté a una vecina que me dijo: 'No le digas eso a nadie. La gente pensará que estás loca y te encerrarán'.

Entonces, nunca se lo dije a nadie más durante mucho, mucho tiempo.

Años más tarde, mi hija comenzó a ver historias similares de bebés robados en toda España en la televisión y me llamó. Me dijo: "Siempre te creímos, pero ahora, más aún, sabemos que es verdad". Mi marido dijo que, en algunos de los casos en la televisión, el médico estaba mostrando a las madres un bebé muerto y congelado para engañarlas. Este era como nuestro caso, el bebé que le mostraron había estado en una nevera.

Empezamos a investigar y a intentar recopilar los documentos del nacimiento y la muerte de nuestro bebé. Pero cuando recibimos los documentos, no tenían sentido. Un documento dice que el bebé murió en casa, uno declara que murió en la incubadora del hospital, otro documento dice que murió en otro hospital y fue firmado por el mismo médico que firmó el certificado de defunción del hospital original. Los papeles que obtuvimos del cementerio dicen que nuestro bebé murió en un hospital militar. Otro papel afirma que lo enterraron en un cementerio diferente.

Fui a ver al juez, pero su secretaria me dijo que ella se ocuparía de mí. Le mostré todos mis documentos y cómo todos se contradecían después de mirarlos brevemente, respondió: 'No se preocupe, esto no es un problema, son errores simples y se pueden resolver'. Me entrega un formulario en blanco para que lo llene y me dice: 'Solo Dígame el día en que nació el bebé y cualquier otra cosa relevante, la hora, lo que pesó, cuando murió, todo eso y cambiaremos la información de los registros que está mal. La miré, no podía creer lo que acababa de escuchar y dije: 'Entonces, no tengo que buscar a mi hijo ahora, ¿me darán información actualizada?' Y ella responde: 'No busque más porque ahora todos los documentos estarán correctos al menos, el caso se puede cerrar ahora'. Nuevamente, incrédula, le respondí: 'No entiendo, ¿me está pidiendo que falsifique los registros oficiales?' Ella me mira por un momento y luego dice: 'No, por supuesto que no, solo estamos haciendo correcciones… hemos hecho muchas correcciones como estas a lo largo de los años'.

Pensé: 'Dios mío, todas estas pobres madres'.

Queremos encontrar a nuestros hijos y decirles la verdad. Para decirles que no estamos locas. Es triste que estos bebés, ahora adultos, piensen que sus madres no los quisieron, que los abandonaron o que ellas murieron al dar a luz. Creen las historias y mentiras que les contaron. Conocemos la verdad. En muchos casos, descubrieron que fueron adoptados cuando eran muy mayores, con 40 o incluso 50 años, a menudo después de morir un padre adoptivo o ambos. En algunos casos, también se les mintió a los padres adoptivos y realmente creyeron que el bebé que adoptaron había sido entregado o abandonado.

Pero si los padres aún están vivos, deben decirle la verdad a su hijo adoptivo, decirle con quién hablaron y contactaron, a quién pagaron, cómo llegaron a obtener el bebé. Aunque sea doloroso, todos los adoptados tienen derecho a saber la verdad.

Sabemos que tienen su propia vida y ahora son todos adultos, pero al menos deberían saber la verdad. Muchos adoptados tienen miedo de saber, de enfrentarse a la realidad que les dijeron pero que no es cierta.

Pero todos necesitan darse cuenta de que tienen una familia, otra familia esperándolos con los brazos abiertos".

Para ayudar a sobrellevar el dolor y la pérdida de su bebé robado al nacer, Lidia ha asumido a lo largo de los años una mayor responsabilidad dentro del movimiento de bebés robados de España. Como presidenta de ABRA (una asociación de bebés robados en Sevilla) ayuda a organizar concentraciones y está en contacto con otras asociaciones de toda España.

Compartió con nosotros su motivación y esperanza, lo que la ayuda a seguir adelante en esos días, a veces semanas, que parecen desesperantes.

"Mi motivación," Lidia nos dijo, "es simplemente encontrar a mi hijo antes de morirme. Si no tuviera ninguna esperanza o aún no creyera que fuera posible, no estaría aquí intentándolo.

72

Pero (la lucha) te quema por dentro, te preocupa constantemente, nos causa mucho dolor y sufrimiento a todos, te devora todo el tiempo".

Lidia se enjuga una lágrima y se calma. Quiere que sepamos algo más.

"Intento canalizar mi dolor hacia algo de creatividad. He escrito un libro sobre mi caso y participo en una obra de teatro basada en el libro. Mostramos la obra localmente para la comunidad y las escuelas secundarias. Es para hacerles saber que esto sucedió y asegurarnos de que sepan que nosotras, como madres, todavía nos preocupamos por todos los niños. Incluso aquellos que no son nuestros hijos.

Quizás por casualidad, mi hijo llegue a leer mi libro o vea la obra y sepa la verdad. Espero, antes de que sea demasiado tarde".

Con la misma preocupación en mente, sabiendo que el tiempo se les acaba, muchos bebés robados, ahora adultos, buscan a sus padres biológicos. Su historia y lucha por encontrar la verdad comienza en la siguiente página del Capítulo 3.

Capítulo 3
Bebés robados que buscan

Las siguientes son historias bastante comunes entre los bebés robados, ahora adultos, o entre hermanos de bebés robados. Ya sea que busquen una hermana, un hermano o sus padres biológicos, todos se enfrentan a un camino demasiado familiar lleno de mentiras, engaños, documentos falsificados y un gobierno bien intencionado, pero en gran medida impotente o abiertamente hostil a su causa y lucha, dependiendo del partido político que tenga mayoría en el Parlamento español en ese momento. A pesar de tener en sus manos pruebas abrumadoras, todos sienten frustración porque sus casos son *archivados* por fiscales que afirman tener las manos atadas. (1)

Muchos continúan la lucha iniciada por una madre, un padre o ambos, y ahora se encuentran solos en la búsqueda de la verdad. Las concentraciones, las reuniones y las asociaciones de bebés robados ofrecen consuelo, apoyo y compañía, pero todavía hay una formidable montaña legal y política que escalar.

Si bien les hemos contado antes que realizamos más de 300 entrevistas, hay literalmente miles de casos activos adicionales solo en España. Aunque el tiempo y el espacio no nos permiten compartir todas nuestras entrevistas, a continuación, les damos una muestra de lo que descubrimos cuando nos encontramos con los bebés robados o con los hermanos de los bebés robados. Sin embargo, incluso con una muestra tan pequeña, las similitudes de sus historias son asombrosas.

"Mi esposa solía bromear diciéndome que seguramente fui adoptado. Nunca me imaginé que fuera verdad."

Vicente Martínez nació en la Clínica de la Salud de Valencia el 14 de marzo de 1972. Fue registrado oficialmente como hijo biológico de sus padres adoptivos. Casi cuatro décadas después, se enteró de que esto era mentira.

"En el 2010, a la edad de 38 años, supe que no era hijo biológico de mis padres, que no eran mis padres verdaderos.

Yo era hijo único, pero éramos una familia normal, lo que sea que eso signifique, y nunca dudé de ser su hijo, nunca escuché comentarios ni vi nada que me llevara a pensar que no era su hijo. Los rasgos físicos también son muy similares a los de mis padres, todos tenemos el cabello castaño, ojos marrones y piel más oscura, por lo que no se me ocurrió pensar que yo no era su hijo.

¿Por qué debería hacerlo?

Pero en el 2010 escuché una conversación entre unos vecinos cuando algunos casos (de bebés robados) comenzaron a salir a la luz en la televisión. Yo vivo en un barrio y hacemos una fiesta anual y por casualidad escuché una conversación entre vecinos que me conocían desde que era pequeño, y comentaban mi nombre y hablaban del tema de las adopciones. Hablaban de mí, asumiendo, erróneamente, que yo sabía que era adoptado. Esto tuvo lugar en agosto de ese año.

Poco después, entre agosto y diciembre, esos 4 meses, intenté descubrir la verdad por mi cuenta. Es curioso, mi mujer siempre lo sospechó, tenía dudas sobre las cosas que veía en la familia. Como persona ajena a la familia, notó una relación fría. Cuando era mi novia, en broma, siempre decía 'debes ser adoptado... simplemente tienes que serlo'.

Nunca imaginé que fuera cierto. Durante mi búsqueda, comencé a pedir documentación sin decirle nada a nadie. Fui al registro civil, al ayuntamiento, a la parroquia donde me bautizaron para ver si era realmente adoptado. En todos mis documentos aparezco como su hijo biológico. No aparezco como adoptado en ninguna parte. Soy, como dice Enrique (Enrique Vila) 'un hijo falso', un hijo con toda la documentación falsa. (2)

Después de esos 4 meses de investigar por mi cuenta, en Navidad les pregunté directamente a mis padres si era adoptado. Al principio lo negaron, pero a los pocos días me llamaron y me confesaron que sí, que tengo razón, que no podían tener hijos y a través de un amigo que era sacerdote, y con la ayuda de una monja y un médico que conocían, pagaron un dinero y me adoptaron.

El cura era un amigo de la familia, de muchos años, que venía a visitarnos a nuestra casa cada Navidad, y conocía mucho a mis padres. Entonces, fui a hablar directamente con él, y me lo confirmó. Me dijo que era verdad, que me habían adoptado y que me compraron y pagaron por mí, pero que no debería buscar más. Me dijo que había disfrutado de una vida muy feliz y que mis padres me querían mucho, y que no valía la pena buscar a nadie más porque de todos modos no iba a encontrar nada. Esas fueron sus palabras. Le pregunté si sabía quién era mi madre, pero dijo que no sabía nada de esos detalles. Simplemente dijo que él habló con una amiga que tenía en la Clínica de la Salud, donde supuestamente nací yo, y que esa amiga era la Madre Superiora que estaba a cargo de la zona de maternidad y que él no sabía nada más. Al final, me dijo que él era solo el contacto para la adopción.

Solo compartió una cosa más. Y esto fue que unas semanas después de que él hablara con su amiga la monja, ella llamó a mis padres desde la clínica y les dijo que tenían un bebé listo para ser recogido.

Esto pareció confirmar lo que mis padres me habían dicho sobre la adopción real. Dijeron que me recogieron de recién nacido y que en ese momento solo tenía un par de horas. Mis padres me contaron que alguien de la clínica los llamó muy temprano por la mañana y les dijo que se apresuraran al hospital porque un bebé recién nacido estaba listo para ser recogido. Aproximadamente a las 7 de la mañana, mis padres se presentaron en la clínica y les entregaron un bebé desnudo, yo, envuelto solo en una manta y les dijeron que regresaran al día siguiente para llevarse el papeleo necesario y la documentación oficial. Mis padres no preguntaron quién era la madre y nunca quisieron saber nada más sobre los padres del bebé o cómo y por qué estaba disponible para adopción. Nunca quisieron saber nada más ni investigar. Me dijeron que estaban contentos de haber podido tener un bebé sano.

Me enteré de que me compraron por unas 200.000 pesetas (unos 1.500 dólares en esa época)".

Le preguntamos a Vicente si había seguido con su caso de manera oficial o extraoficial.

"Sí", nos dijo, "denuncié mi caso ante la fiscalía, pero se cerró muy rápido. Mi abogado Enrique Vila solicitó al hospital toda la documentación y que nos facilitaran los nombres e información de todas las madres que dieron a luz en la fecha en que yo nací, porque con las nuevas leyes aprobadas en España, nosotros, como hijos adoptivos, tenemos derecho ahora a esos registros. El funcionario del hospital no disputó este derecho, sino que nos dijo que en todos los nacimientos anteriores a 1978 no tenían documentación ni libros de registro, que además todo lo que tenían se destruyó en un incendio o una inundación. Entonces, cerraron mi caso porque los presuntos responsables ya habían fallecido (la monja y el médico de la clínica) y el hospital supuestamente no tenía documentación de mi nacimiento ni adopción. Solo para llegar a este punto, solo para descubrir esta verdad, me llevó 7 años de lucha. Durante mi búsqueda, también fui a los medios de comunicación, aparecí en la televisión y realicé entrevistas para la prensa.

Mis padres estaban muy enfadados porque yo estaba buscando mis raíces. Se lo tomaron muy mal y rompieron todas las relaciones conmigo. Me desheredaron, incluso cambiaron las cerraduras de su casa para que yo no pudiera entrar. Un año después murió mi madre y dos años después de su muerte, murió mi padre".

Con más gente buscando y más atención de los medios, le preguntamos a Vicente si todavía tenía esperanzas de algún día descubrir quiénes eran realmente sus padres, tal vez incluso de reunirse con ellos.

"Todavía estoy buscando. Utilizo las redes sociales y me he unido a asociaciones de bebés robados. También me hice varias pruebas de ADN con varias posibles madres (alrededor de 13 o 14 madres) que coincidían con las fechas de mi nacimiento.

Sin embargo, hasta ahora todos han sido negativos. Las pruebas se han realizado en laboratorios españoles. Algunos amigos me han dicho que no confíe en los laboratorios aquí en España.

Otro problema es que no he podido obtener más pistas sobre mi nacimiento porque en todos los documentos aparezco falsamente como hijo biológico de mis padres.

Siempre que tengo la oportunidad, voy a la televisión para ver si alguien me reconoce o si alguien sabe algo o alguien conoce a alguien relacionado conmigo.

Todavía busco, pero es difícil seguir adelante".

"Solo quiero poder conocer a mi hermano y decirle la verdad, que no fue abandonado."

En el verano del 2016, hablamos con **Victoria Utiel** que compartió con nosotros la historia de la búsqueda de su hermanito robado.

Flanqueada por su esposo Paco, comenzó:

"Mi madre se puso de parto y fue trasladada de urgencia a una clínica que le recomendó su ginecólogo, quien la hizo cambiar a esa clínica durante su embarazo, aunque nunca supo por qué. Sin embargo, le dijo que no tenía que preocuparse por pagar, ya que todo estaba resuelto porque él la enviaba. Inmediatamente después de su llegada, le administraron drogas pesadas y solo recordó que se despertó y le dijeron que había dado a luz a un bebé, pero que había muerto. Nunca le dijeron de qué supuestamente había muerto.

Cuando llevaron a mi madre a la sala de partos, las monjas le dijeron a mi padre que se quedara en la habitación, pero mi padre las ignoró y bajó y esperó en la puerta de la sala de partos. Cuando mi madre dio a luz y la monja salió con el niño, vio a mi padre. Él le dijo que le mostrara a su hijo, que quería verlo, pero ella dijo que no, que se lo llevaba arriba. Mi padre tiró de la sábana en la que estaba envuelto y vio que era un niño, que estaba rosado y lloraba. Cinco horas después dijeron que el niño había muerto, pero no dieron ninguna razón. La monja le dijo a mi padre que como tenía una hija de 8 años (Victoria), debía llevarla a la habitación para que cuando mi madre despertara viera a su hija y pudiera consolarse con ella, sabiendo que todavía tenía al menos esa hija.

Entonces recuerdo que mi padre llegó a casa con mi abuela y me llevaron a la clínica. Recuerdo entrar en la habitación y ver a una monja de pie vestida de marrón junto a mi madre.

La monja le dijo a mi madre: 'Despierta, tu hija ya está aquí, así que anímate, ya está bien de tristezas'.

Mi madre nos dijo que, aunque estaba casi dormida, había oído llorar a su bebé recién nacido. Ella siempre pensó que se lo habían robado. Pero ¿quién iba a creer que un médico y una monja serían tan bárbaros y crueles?

Cuando empezaron a salir los casos de bebés robados (alrededor del 2010), pensé en ir al cementerio donde estaba enterrado mi hermano. Siempre tuvimos la intención de visitarlo y ponerle flores. Pero, por alguna razón, nunca lo hicimos".

Victoria hace una pausa y continúa.

"En la clínica le dijeron a mi padre que se ocuparían del entierro y él dijo: 'No, tenemos seguro de entierro y lo enterraremos nosotros'. Le dijeron: 'No, que el hospital se hace cargo del cuerpo por ley'.

Entonces, mi padre accedió a regañadientes, pero quería que le dieran el ataúd, que quería enterrarlo y estar en el funeral de su hijo. Las monjas le decían que esto no era posible, pero él insistió tanto que finalmente estuvieron de acuerdo. La funeraria preparó un ataúd blanco sellado. La monja le dijo: 'Mira Antonio, no pienses en abrir la caja, porque hemos hecho la autopsia y el cuerpo está todo troceado, así que recuerda al bebé como cuando lo viste'.

Ahora sabemos que cuando se hace una autopsia no se corta el cuerpo. Pero en ese momento, no conocíamos el proceso y creíamos lo que nos decían".

Victoria luego ya adulta puso todos sus esfuerzos en descubrir la verdad.

"Fui al cementerio a pedir documentación sobre el entierro y la parcela de mi hermano, pero para mi sorpresa, el libro de registro oficial del cementerio muestra que mi madre era soltera, no casada, lo que por supuesto era falso, y que mi hermano era su tercer hijo, que también era falso. Solicité toda la documentación relacionada con su nacimiento y muerte, pero me dijeron que no había nada, ni causa de muerte, ni certificado de defunción, ni aguas bautismales, ni registros de ningún tipo. En el cementerio, los trabajadores ni siquiera entienden cómo puede ser esto, ya que parece que un ataúd está enterrado con las coordenadas que nos dieron, pero no parece existir papeleo ni documentos oficiales que lo confirmen".

Más adelante en su búsqueda, Victoria mantuvo la esperanza de que finalmente iba a progresar.

"La Clínica La Cigüeña fue cerrada en 1983 y me enteré que la sede de Bancaja (el banco) que subsidiaba esa clínica tenía todos los archivos. Entonces, fui con esperanza, solo para que me dijeran que, en mi caso, no existían archivos ni registros y que por alguna razón mi madre no tiene historial médico allí.

Luego, fui al juzgado y pedí el certificado oficial de defunción. Me dijeron que de 1963 a 1972 han desaparecido todos los documentos y que no saben dónde están. Hasta el día de hoy, no tengo absolutamente ninguna documentación. Denuncié el caso ante la fiscalía, para que la policía judicial pudiera investigar. Me tomaron declaración el 8 de febrero y el 28 del mismo mes cerraron mi caso. Me dijeron que simplemente no había documentación ni registros, y que cualquier error que pudiera haber encontrado era perfectamente normal en aquella época y no investigarían nada.

Mi hermano nació el día 2 y apenas dos días después ya estaba supuestamente enterrado. Me di cuenta de que el día 4 del año en que nació cayó en domingo y los domingos nunca se permiten entierros en España, en ningún lugar. También fui a la calle Alboraya (la ubicación de la clínica de la madre) y tampoco tienen documentos de que mi madre haya estado allí. Cuando les pregunté los nombres de los médicos que trabajaban allí durante ese año, me dijeron que no tenían forma de saberlo".

Después de un momento para recomponerse, Victoria continuó.

"Está claro, que están ocultando la información y mi hermano sigue vivo. No tengo ninguna duda de que mi hermano está vivo. A mi madre le robaron a su bebé. Después de 4 años de lucha, estamos en la misma situación que cuando empezamos. No hemos logrado nada. Estamos desesperados. Asistimos a concentraciones todos los meses, hablamos con los partidos políticos, pero siempre nos dicen lo mismo, que no hay presupuesto para crear laboratorios nacionales de pruebas de ADN o para realizar exhumaciones o para hacer mucho por nosotros.

Estamos realmente desesperados.

Solo quiero poder conocer a mi hermano algún día y hacerle saber la verdad, que no fue abandonado, que lamentamos que nos lo robaran a nosotros, su verdadera familia.

Siento la necesidad de conocerlo antes de que sea demasiado tarde y por eso estoy en esta lucha".

En el verano del 2018 volvimos a Valencia para volver a hablar con Victoria, su marido Paco y su hija, Victoria. Lamentablemente, Victoria, la madre, había fallecido en el ínterin debido a su lucha contra el cáncer. Nos sentamos con Paco, flanqueados por un lado con su hija y por el otro con el querido perro de la familia, Lolo, y tuvieron la amabilidad de dejarnos filmarlos mientras nos actualizaban sobre su búsqueda. Lo que sigue es una breve sinopsis de esta conversación. Paco, que está buscando a una hermana melliza robada, recordó cómo él y su esposa Victoria solían motivarse el uno al otro para que ninguno dejara de buscar. Él y su hija prometieron seguir buscando al hermano de Victoria para honrar su memoria.

"Nunca dejaremos de buscar al hermano de Victoria.

Y también seguiré buscando a mi hermana melliza."

En las palabras de **Francisco Rocafull (Paco)**:

"Los dos nacimos en casa y ambos éramos bebés muy sanos. Aproximadamente 6 meses después, mi hermana melliza se enfermó y mi madre la llevó al hospital Sanjurjo de Valencia, porque no había pediatras en Paterna donde vivíamos entonces.

Después de poco tiempo en el hospital, la monja encargada le dice a mi madre que la bebé ha muerto de meningitis contagiosa y le dicen que traiga al otro mellizo (yo), que sin duda tenía la misma enfermedad y también iba a morir. Mi madre llegó a casa de inmediato para ver cómo estaba y vio que estaba bien y no me llevó al hospital. A mis padres ni siquiera se les permitió ver el cuerpo de la bebé y supuestamente al día siguiente el hospital la enterró en un cementerio que no nos pertenecía, a pesar de que habíamos pagado el seguro de enterramiento con un cementerio privado diferente. La monja del hospital le dijo a mi familia que estaban obligados por ley a hacerse cargo del entierro.

Años después, presenté una denuncia a la policía y me informaron que encontraron mi certificado de defunción en ese hospital, ¡el mío!

Ni siquiera había estado nunca en el mismo hospital donde supuestamente murió mi hermana melliza tan pronto como fue admitida, pero de alguna manera, mi certificado de defunción fue registrado y firmado por la monja y un médico. De hecho, el certificado de defunción mío y el de mi hermana los firmó un médico que ni siquiera empezó a trabajar en ese hospital hasta 14 años después del supuesto fallecimiento de mi hermana. ¿Cómo es eso posible?"

Paco trajo a Lolo, su mascota Yorkshire Terrier más cerca, lo cogió en sus brazos, se inclinó hacia adelante y nos dijo que este caso se volvió aún más extraño.

"Verá, mi hermana no tiene una, ni dos, sino tres fechas oficiales diferentes de su muerte. En el libro de familia dice que murió con 1 año y 2 meses de edad, pero el hospital tiene dos fechas diferentes. En 1972 alguien le pidió al hospital toda nuestra información relacionada con este caso, ¿quién la pidió? No tengo ni idea. Pero sé que nadie de mi familia la pidió.

Siempre tuvimos dudas sobre la muerte de mi hermana melliza. Ninguno de los documentos oficiales coincide con lo que mi madre sabía que era cierto, sobre su nacimiento y su presunta muerte.

Cuando ANADIR interpuso las denuncias por el robo de bebés en 2011 con Enrique (Vila) como abogado, fue entonces cuando también decidimos presentar una denuncia formal. Cuantos más documentos solicitamos y pudimos revisar, bueno, más errores encontramos. Después de investigar, Enrique cree que la razón por la que tengo un certificado de defunción con mi nombre es porque el hospital planeaba robarme. Como saben, realmente querían bebés mellizos o gemelos, que podían separarse y venderse más fácilmente. (3)

Lo que él cree que sucedió fue que el certificado ya estaba hecho y los padres que pagaron ilegalmente por mi hermana, simplemente se llevaron a mi hermana porque podían elegir si querían un niño o una niña. En el cementerio no hay nada sobre su entierro. Supuestamente fue enterrada en una fosa común, que no tenían que enterrarla allí porque mis padres tenían seguro de entierro y en España, se suponía que estas fosas comunes eran para bebés abortados y mi hermana no lo era, tenía más de 6 meses.

Cuando fui al cementerio con las coordenadas que me dieron los funcionarios del ayuntamiento, el trabajador del cementerio me dijo que esas coordenadas no existían. Me informaron que no había nadie enterrado en las coordenadas registradas. ¿Cómo es eso posible?"

Paco le pone la mano en el hombro a su hija Victoria, y repiten la promesa de seguir buscando, tanto a su hermana melliza como al hermano de Victoria (la madre).

"Sabes, durante años, llevamos flores a un lugar vacío. Rezando a un agujero en el suelo que estaba vacío.

Nuestros casos se han cerrado y toda la información falsa que tengo y he compartido con usted se atribuye simplemente a 'errores'. Nos dicen que no se puede hacer nada. Los fiscales nos dicen que no investigarán y que nuestros casos están cerrados por falta de pruebas, punto.

¿De qué tienen miedo? ¿Por qué no quieren que descubramos la verdad? No queremos dinero. Solo queremos saber dónde están nuestros seres queridos y si están bien".

"Las monjas le dijeron a mi madre que se callara durante el parto y dejara de quejarse porque seguro que cuando estaba concibiendo al bebé no se quejaba."

Eva Páramos busca a su hermano nacido el 19 de septiembre de 1972 en San Sebastián, España.

Eva nació con espina bífida, el tipo más grave de este trastorno. Aquí, la médula espinal y las meninges (tejidos que cubren la médula espinal) sobresalen de la espalda. Eva ha soportado más de 20 operaciones y mientras está confinada a una silla de ruedas, continúa la lucha para encontrar a su hermano. (4)

Hablamos con Eva a principios del 2020 para escuchar, en sus palabras, su lucha y lo que le pasó a su madre durante el parto.

"Yo nací después de él en 1974. Y ahí fue cuando mi madre empezó a dudar mucho de las cosas porque el primer parto fue atendido por monjas que eran una especie de enfermeras, y cuando yo nací ella les dijo que no quería que la atendieran las monjas otra vez. Cuando yo nací, allí mismo en la sala de partos, le dijeron que salía con problemas y fue entonces cuando se le dispararon las alarmas a mi madre, porque si el primero supuestamente tenía problemas ¿por qué no le dijeron nada? Mi madre dice que la habían drogado y apenas recuerda nada. Los documentos del hospital dicen que la sedaron fuertemente en el primer parto, que fue el nacimiento de mi hermanito robado.

Él nació en la antigua residencia de Nuestra Señora de Aránzazu, que es el actual Hospital de Donostia. Yo nací en el mismo lugar y el equipo médico fue el mismo en ambos partos. Tanto el médico como la monja que la atendió están muertos ahora, no he podido hablar con nadie. Ni a mi padre ni a ningún otro familiar que estaba allí se les permitió ver al bebé. Por lo que puedo decir, tuvo que amenazar a la gente allí solo para que le enseñaran a su bebé, y aun así no le dejaron verlo. Dijeron que ya se habían encargado del entierro y todo, que era demasiado tarde para ver al bebé y ya lo habían enterrado en una fosa común.

Cuando llevaron a mi madre a la habitación del hospital después del parto, le dijeron que el bebé había muerto, que se estranguló con el cordón umbilical. Mi madre apenas lo recuerda porque todavía estaba somnolienta por las drogas que le dieron, y los papeles oficiales afirman que el bebé nació macerado o demasiado delgado y consumido para sobrevivir. Esto no fue lo que le dijeron a mi padre.

A mi madre la trataron muy mal, le dijeron que lo olvidara y que volviera a quedarse embarazada. Se burlaban de ella. Cuando estaba en la sala de partos le decían que dejara de quejarse que seguro que cuando lo estaba haciendo (concebir al bebé) no protestaba. Las monjas eran muy malas y le insultaban.

No hay certificado de defunción. He ido al obispado (diócesis) a ver si estaba inscrito, porque el libro de familia tiene el sello del obispado como que nació y estaba inscrito en el registro civil, pero este no muestra su nombre. No lo comprendo. Si nació muerto, ¿por qué está inscrito en el registro civil? ¿Y quién fue a registrarlo? Pero cuando pedimos documentos en la oficina del registro no hay nada, ni hay documentos de bautismo ni aguas bautismales. Tampoco hay nada en el cementerio.

Desde pequeña siempre escuché a mi madre decir que el nacimiento de mi hermano fue muy extraño, que pasó algo, que mi hermano está en alguna parte. Tampoco podía ella pasar tiempo buscando porque siempre estaba conmigo en los hospitales, tuve 2 operaciones en los primeros 2 meses de vida. Después de ver a Antonio Barroso en la televisión con casos de bebés robados, y escuchar casos casi idénticos al nuestro, me puse en contacto con él, con ANADIR, pero como estaban en Madrid y nosotros estamos en San Sebastián y está bastante lejos, y difícil para viajar, mi caso no avanzó.

Un día mientras pasaba por una plaza de San Sebastián, vi a mucha gente reunida y pidiendo firmas con un cartel que decía 'bebés robados' y me acerqué y era la asociación de bebés robados de San Sebastián. Firmé su petición y les conté mi caso, y comenzamos a investigar y a pedir papeles, y nada coincide en mis documentos. Parece que todo son mentiras y cosas que inventaron.

Los papeles del hospital del nacimiento de mi hermano, donde se supone que dice el nombre del padre del bebé, bueno, dejaron esa parte en blanco. El nombre de mi padre no está allí, creo que querían que pareciera que mi madre era una madre soltera para poder justificar el llevarse al bebé, alegando que era soltera y no estaba en condiciones de criar a un bebé por sí misma. También pedí los papeles del hospital de mi nacimiento y está todo, el nombre de mi padre, el de mi madre, incluso qué trabajo hacía mi padre y la dirección de su trabajo.

Cuando juntamos todos los papeles, presentamos la denuncia, pero la *fiscalía* la archivó inmediatamente. Mi madre fue a poner la denuncia, pero apenas hicieron preguntas, como si no les importara y cerraron su caso y ni siquiera se molestaron en avisarnos. A medida que pasaban los meses y no nos llamaban, yo los llamé y nos dijeron que la habían cerrado hace mucho tiempo".

Le preguntamos a Eva si se había hecho alguna prueba de ADN para ver si existía una coincidencia con alguien que pueda ser su hermano.

"Me hice una prueba de ADN en *Neodiagnostica* (un laboratorio de ADN con sede en España) sin resultados positivos. Sin embargo, creemos que el resultado de ADN no es válido y el análisis es incorrecto. En junio (2019) me hice más pruebas de ADN con los laboratorios de Estados Unidos *23andMe* y *MyHeritage*. Veremos.

Nos han cerrado todas las puertas. Esta es ahora nuestra última y única esperanza".

"En el 2008, cuando tuve a mi hija, me di cuenta de lo mucho que debía haber sufrido mi madre por el robo de su bebé y decidí entonces empezar a investigar."

Chary Herrera González es la presidenta de SOS Bebés Robados de Cádiz, España. Durante el rodaje del documental conocimos a Chary en Cádiz y nos contó la historia de su madre y ese momento en el que decidió dedicarse a continuar la búsqueda de su hermanita bebé robada.

"Cuando tenía 15 años mi padre me dijo que estuviera muy alerta por si veía a una niña un año mayor que yo que se parecía mucho a mí, pero que tendría una mancha marrón en la pierna. Estaba tan confundida, porque no sabía nada de una hermana, todo lo que tengo son hermanos.

Me dijo: 'Robaron a tu hermana en el hospital. Cuando seas mayor, búscala. Te costará mucho dinero y trabajo, porque debe haber personas importantes involucradas en el encubrimiento'.

Entonces mi padre me dijo que el 10 de enero de 1975 mi madre dio a luz a una niña en el hospital. Dos enfermeras decían constantemente que la iban a enseñar porque era muy bonita, pero no sabemos a quién se la enseñaban. La noche después de su nacimiento, la enfermera se llevó al bebé para dormir con todos los demás recién nacidos, y por la mañana, le dijeron a mi madre que su bebé se enfermó repentinamente pero no dejaron que mi madre fuera a verla. Cuando llega mi padre, va a ver a su bebé y

88

la enfermera y la monja le dicen que no puede verla porque acaba de morir. Mi padre insistió en verla, y para evitar una escena mayor finalmente le mostraron un paquete cerrado de gasa y cinta adhesiva desde la distancia y le dijeron que no podían abrirlo porque estaba preparada para el entierro, pero que no se preocupara, que ellos se encargarían de todo.

Mi madre había estado aislada todo este tiempo en una habitación sola, pero poco después de contárselo a mi padre, la trasladaron a una habitación diferente con una mujer que acababa de dar a luz. Mi padre seguía preguntando cuándo iba a ser el entierro, pero no le daban ninguna información. Luego, cuando salieron del hospital, no les entregaron registros ni papeles. Mis padres siempre pensaron que los médicos robaron a la bebé porque era muy bonita. El médico le dijo que se quedara embarazada de inmediato para cubrir el dolor de la muerte del bebé. Yo nací un año después. Después de contarme la historia, yo iba mirando a todas las chicas más o menos de mi edad y les preguntaba si tenían una mancha marrón en la pierna. Sé que debe sonar raro, pero estaba desesperada por encontrar a mi hermana.

En el 2008, cuando tuve a mi hija, me di cuenta de cuánto debió haber sufrido mi madre al perder a su bebé y decidí comenzar a investigar. Descubrí que los registros y la documentación estaban llenos de mentiras y lagunas. El historial médico del hospital dice que la bebé nació a los 7 meses y no estaba completamente desarrollada, cuando, en realidad, nació a término y era hermosa, sana y fuerte. También tiene dos causas diferentes de muerte, una es insuficiencia respiratoria por ser prematura y la otra es que nació macerada, lo que significa que murió dentro de la madre antes de nacer. Todo mentiras.

Denuncié los hechos ante los tribunales en el 2010 y mi caso fue el primer caso de bebé robado en Cádiz. Empecé a buscar otros casos como el mío con Facebook e internet y mucha gente empezó a contactarme, así que creé la asociación SOS Bebés Robados de Cádiz. La fiscalía vio indicios de delitos en mi denuncia y presentó mi caso ante un juez de Cádiz, pero mi caso, como el de muchos otros, fue archivado por prescripción (ha sobrepasado el límite de tiempo). Dijeron que debería haberlo presentado antes, pero ¿cómo puede alguien presentar un caso antes de saber o tener pruebas de tal delito? Si presentas la solicitud prematuramente, puedes ser multado y encarcelado por denunciar falsamente a alguien o a un hospital. Pero no me di por vencida y seguí intentando conseguir una exhumación. Ahora, junto con otras 45 familias, se nos ha autorizado a realizar exhumaciones. Estamos descubriendo que los bebés no fueron enterrados como se les dijo a sus familias y, como dice en sus documentos oficiales. Entonces, es muy posible, incluso probable, que estos bebés robados, ahora adultos, estén vivos. Ya hemos encontrado 4 ataúdes vacíos, y otros 5 bebés no están en las tumbas donde supuestamente fueron enterrados. Estamos probando que se robaron bebés. En mi caso, encontraron un cuerpo con un brazalete y ahora estamos esperando los resultados del ADN. Pero es difícil porque no confiamos en los laboratorios de ADN aquí en España. Desafortunadamente, mi padre murió el año pasado sin saber la verdad sobre su bebé.

Quizás algún día la verdad salga a la luz."

"El mismo día que murió mi padre, la vi ... en el pasillo del hospital, era ella, quiero decir, tenía que ser ella, la misma mirada, la misma cara, las mismas manos, el mismo pelo que mi madre ... todo."

Durante el verano del 2018, viajamos por España filmando entrevistas y asistiendo a concentraciones y reuniones de bebés robados. Una de nuestras paradas fue en Sevilla, España. Conocimos a varias víctimas que asistían a una concentración organizada por la *Asociación Sevilla Bebés Robados*, para escuchar sus historias y ver su enfoque al tratar de crear conciencia por su causa. **Ñoñi Torres** que viajó a la concentración desde San Fernando un pequeño pueblo en la costa de Cádiz, estaba ansiosa por sentarse con nosotros y compartir su historia que tuvo un giro inesperado.

"El 11 de septiembre de 1967, mi madre tuvo dos bebés gemelas. Mi madre apenas pudo verlas, aunque las recuerda sanas y fuertes. Pero no importa, la monja del hospital le dijo que ambas murieron. No dieron ninguna razón, pero le dijeron que se ocuparían de todo y que no se preocupara.

Durante mucho tiempo, mi madre, mi familia y yo hemos estado repasando los hechos y reuniendo pruebas. Pudimos obtener una orden para exhumar el pasado abril (2018), pero todas las cajitas (ataúdes) se habían deshecho y se podía ver que estaban llenas de arena. Se encontraron 47 cajas durante la exhumación y todas estaban totalmente vacías. Nos contaron varias historias diferentes sobre el por qué, pero un funcionario dijo que 'No, la verdadera razón es que todos los ataúdes fueron trasladados a otro cementerio'. Eso también resultó ser una mentira. A mi madre le dijeron que sus bebés estaban enterradas en una determinada pared o sección de este cementerio, pero cuando eso resultó ser falso, nos dijeron que estaban enterradas en una fosa común, pero cuando se buscó allí, tampoco había nada.

Tenemos muchas pruebas basadas en la evidencia, los registros y los documentos de que a mis padres les robaron sus bebés y que las firmas en los certificados de defunción fueron falsificadas, así como las firmas que aparecen de mi padre en estos certificados, no las hizo él, esa no es su firma.

Incluso la causa de la muerte es extraña. No se da una causa real, aunque pone que a mi madre le inyectaron drogas fuertes que normalmente se usan para los animales de granja, para acelerar su parto, a pesar de que las usaron en ella sin ninguna razón".

Le preguntamos a Ñoñi si ella y su madre estaban buscando activamente a las gemelas (hermanas de Ñoñi). Su respuesta fue sorprendente.

"Bueno, he localizado a mi hermana (!)

Quiero decir, tiene que ser ella. El mismo día que murió mi padre, la vi... en el pasillo del hospital, era ella, quiero decir, tenía que ser ella, la misma mirada, la misma cara, las mismas manos, el mismo pelo que mi madre... todo.

Ella no sabe quién soy yo... todavía. La he estado siguiendo de forma intermitente durante bastante tiempo. Ella es idéntica a mi madre. Según mi propia investigación, esta niña tiene 4 fechas de nacimiento diferentes. Dudo que tenga idea de que es adoptada.

Le hablé a mi madre de esta niña y la llevé a donde trabaja, y ella la vio desde la distancia. Pero se puso muy nerviosa con ansiedad y muy emocional, y tuvimos que irnos. Es ella, sin duda.

No sé si alguna vez tendré el valor de conocerla y decírselo. Es algo aterrador. ¿Quién sabe cómo reaccionará ella?"

¿Cómo reaccionaríamos nosotros?

Ahora que hemos conocido a varias madres que están buscando a sus bebés y a varios bebés, ahora adultos, que están buscando a sus padres biológicos y familiares, nos gustaría cerrar este capítulo con una historia asombrosa desde el punto de vista tanto de la madre como de la hija robada hace mucho tiempo.

"Me arrancaron a mi niña de los brazos y se la entregaron a una pareja que se la llevó a México. Durante años me engañaron para que pensara que el hombre equivocado se había llevado a mi bebé. Pero ahora sé la verdad."

Mercedes (*Merche*) **Moya Martín** tuvo una niña sana el 7 de mayo de 1978, irónicamente, el Día de la Madre.

En el 2019, ahora con el beneficio de poder mirar atrás a los eventos de su vida en perspectiva, Mercedes nos contó su historia.

"Quedé embarazada en 1977. Vine a Madrid huyendo del padre de mi hija porque estaba involucrado con las drogas. No quería esa vida para mi hija. Fui a trabajar a la casa de unos periodistas que, al enterarse de que estaba embarazada, buscaron una asociación en Carabanchel que estaba dirigida por una conocida monja, Sor Pura".

Junto con Sor María Gómez Valbuena, que luego fue imputada por delitos relacionados con adopciones ilegales y fraude, y el Dr. Eduardo Vela, que trabajó estrechamente con ella y también, fue acusado y procesado por cargos similares, Sor Pura presuntamente estuvo involucrada en la trata de bebés durante décadas. Supervisaba y administraba una serie de "chalés para embarazadas", hogares donde las madres solteras, a menudo sin dinero y sin opciones, se quedaban a medida que se acercaba la fecha de parto y, una vez que daban a luz, eran obligadas a renunciar a los derechos de maternidad de sus recién nacidos y después las echaban. Mercedes se hospedó en uno de estos chalés bajo la dirección de Sor Pura.

"Hicieron la prueba del líquido amniótico y me dijeron que todo estaba bien. Comencé a darme cuenta de que muchas de las madres como yo se iban sin sus bebés. Le dije a Sor Pura que yo quería quedarme con mi hija, porque estaba trabajando y podía mantenerme a mí y a mi bebé perfectamente. Ya tenía un hijo que vivía con mis padres. Era soltera, pero tenía los medios para cuidar a mi bebé.

Pero ella ignoró mi súplica. El 7 de mayo, Día de la Madre, en contra de mi voluntad, me indujeron el parto 15 días antes de la fecha. Tuve a mi bebé en el hospital Francisco Franco. Estaba sana y me la dieron para que la amamantara. Todo parecía estar bien. Al día siguiente, lunes, un trabajador del juzgado vino a registrar a los bebés recién nacidos y yo registré a mi niña. Rellené su partida de nacimiento como María José Moya Martí. Al hablar de eso ahora todavía me pongo nerviosa.

Al día siguiente, el 9, Sor Pura vino a mi habitación y me dijo que me vistiera que nos íbamos. Le dije: 'No, necesito estar aquí 3 días más para recuperarme y, además, no me han dado de alta'. Ella dijo: 'Verás lo rápido que nos vamos en cuanto vuelva'. Se fue y en un momento volvió con unos papeles y nos fuimos. Había un taxi esperándonos en la puerta del hospital. Pronto me di cuenta de que era el mismo taxi que se usaba para separar a las madres de los bebés. El auto hizo una parada sorpresa en un fotomatón. Sor Pura estaba delante al lado del conductor y yo iba detrás con mi hija. La monja sale y dice que va a hacerle una foto a la niña que estaba muy guapa. En ese momento me entró el pánico, cogí a mi hija y no quise dársela, pero como mi hija comenzó a llorar, la dejé ir. Quería salir y correr tras ella, pero el taxista me empujó dentro del coche y nos alejamos mientras la monja todavía sostenía a mi bebé en la calle.

Fuimos a *Tu Casa* (los Chalets de Sor Pura) y cuando entré, corrí al baño llorando. La puerta se abrió y allí estaba Sor Pura. Le pregunté dónde estaba mi hija, porque asumí que tendría a mi bebé con ella. Me dijo que yo era una cualquiera, una puta insignificante, y que nunca volvería a ver a mi hija. Yo le dije que la iba a denunciar a la policía, y ella dijo que si iba a la policía me meterían en la cárcel. Te juro que pensé que podían hacerlo. Tenía solo 20 años, era de un pueblo pequeño y no tenía estudios ni nada, y estaba completamente sola. Me estuvo insultando durante 4 días y dijo que no me daría de comer hasta que yo firmara el papel renunciando a mi bebé. Fuimos a un lugar donde dijo que había un notario, y me dijeron que no tenía otra opción, que tenía que firmar.

En ese momento, ni siquiera podía pensar con claridad. Sor Pura me había dado algunas pastillas para ayudarme con las náuseas posparto, pero solo me mareaban y me impedían concentrarme. Sentí que volaba, no sé qué me dio, pero recuerdo vagamente haber firmado algo.

Siempre pensé que le vendieron mi bebé a Manolo Escobar (un famoso cantante español) porque otras monjas me decían que él la tenía y porque lo vi en el notario ese mismo día. Durante cuarenta años me creí esta mentira. Ahora sé que no es verdad.

Luego Sor Pura me llevó a *Tu Casa* y mientras guardaba mis cosas para irme, me cogió del brazo y me dio un sobre. Lo tomé pensando que tenía los papeles del hospital, pero cuando lo abrí, tenía dinero. Se lo tiré a la monja y le dije que yo no había vendido a mi hija. Cogió el sobre, se rio de mí y yo me fui".

Mercedes compartió con nosotros su dolor y el vacío que sintió durante años, siempre preguntándose dónde podría estar su hija y si alguna vez la volvería a ver.

"Hace unos 9 años (2009) me enteré de que alguien me estaba buscando. Pude contactar con esta persona y descubrí que era mi hija. Ella era un poco reacia a dejar que nadie supiera que nos conectamos porque sus padres adoptivos aún estaban vivos. Le dije que no quería esconderme, quería decirles a todos que había encontrado a mi hija para que lo supieran. Yo estaba muy feliz.

Lo que ahora sé es que cuando sus padres adoptivos llegaron a México, registraron a mi bebé como su hija biológica. Tuvieron que traer testigos y todo, pero lo hicieron. María José (la hija de Mercedes) me ha dicho que los padres adoptivos le estuvieron enviando dinero a Sor Pura todos los años durante muchos años, hasta que murió.

En cuanto a María José, inicialmente nuestra relación fue complicada. Me sentí herida de que ella quisiera que mi identidad como su verdadera madre se mantuviera oculta. Durante bastante tiempo, no nos hablamos, lo que solo profundizó mis sentimientos de arrepentimiento y dolor.

En agosto del 2018, le pedí a mi hija que se hiciera una prueba de ADN para eliminar cualquier duda o preocupación que pudiera haber tenido sobre nuestro parentesco. Me dijo que no tenía dinero y le dije que yo lo pagaría. Lo pagué, y fui a un laboratorio (LabGenetics) en España donde ya me había hecho la prueba anteriormente. Le analizaron la muestra de ADN a María José y me dijeron que era negativa, que no había coincidencia entre nosotras. No podía creer este resultado. Le llevé mis resultados a un compañero de lucha de bebés robados, Paco Rocafull, quien revisó los resultados con un programa informático especial de análisis de ADN que tiene en casa. Me dijo que efectivamente había una coincidencia positiva, una coincidencia del 99,999%. "Absolutamente, sin duda", me dijo.

Regresé a este laboratorio y volví a hacerme la prueba de ADN, y de nuevo me dijeron que era negativo. Les dije que no solo estaban equivocados, sino que estaba claro que me estaban engañando a propósito. Dos semanas después, lo hice de nuevo y volvió a ser negativo. Luego les envié el estudio que hizo Paco y se han sentido tan atrapados que rápidamente han dicho que debieron haber cometido algún error y lo lamentaban. Todo son mentiras, no fue un error, fue un engaño para encubrir la verdad. Ahora tengo un abogado, Guillermo Peña, y estamos demandando a este laboratorio por fraude intencional e iremos a juicio si es necesario. Ya he gastado más de 10.000 euros en mi caso, incluidos detectives privados, y no soy una mujer adinerada".

María José Ramírez González nació el Día de la Madre de 1978. Poco después de hablar con Mercedes, pudimos conocer la historia de su hija (María José).

"Mis padres adoptivos habían intentado y fracasado varias veces en tener sus propios hijos. Mi madre había sufrido abortos espontáneos, el último fue cuando estaba embarazada de gemelas de 6 meses. Su médico les dijo que debían adoptar porque si seguían así mi madre moriría. Querían adoptar aquí en México, pero como no estaban casados por la iglesia porque era el segundo matrimonio de mi padre, la iglesia no lo permitió. La iglesia se negó a enviar un bebé a un hogar que consideraba pecaminoso. Antes de morir, mi madre me dijo que habían visto a un niño hermoso, de unos 6 años, en un orfanato y se habían enamorado de él, pero no les permitieron adoptarlo porque no estaban casados por la iglesia.

Mi padre adoptivo era piloto de avión, era capitán de la Aerolínea Aero México. Me dijo que tenía un amigo que siempre tenía mucha suerte y que había comprado un boleto de lotería y le había dado un boleto a mi papá, uno a mi mamá y otro a mi madrina que es la hermana de mi mamá, ¡y ganaron! Entonces, todos fueron a España con parte del dinero del premio porque mis padres amaban España. Fueron a las corridas de toros y visitaron muchos lugares con mis padrinos. Mi padrino, que falleció hace unos años, era psiquiatra. En Madrid se reunieron con un amigo de mi padrino que estudió con él en la *UNAM* (*Universidad Nacional Autónoma de México*) y estaba casado con una partera de un lugar llamado *Tu Casa*.

Esta partera les dijo a mis padres que podía ayudarlos a conseguir un bebé a través de Sor Pura. Les dijo que los bebés eran de madres que no querían a sus bebés o que no podían cuidarlos. Hicieron arreglos con la monja (Pura) para llevarse un bebé, pero éste murió, así que la monja les dijo a mis padres que pagaran todos los gastos del hospital y del entierro del bebé muerto y luego conseguiría otro. Por eso, mis padres siempre me decían 'no pagamos por ti' porque técnicamente ellos pagaron por el otro bebé. Me sacaron de España con pasaporte español como María José Moya Martín y cuando llegaron a México, el juez les dijo que al ser hija adoptiva no podían cambiar mi nombre original ni mi nacionalidad hasta que cumpliera 18 años. Esto preocupó mucho a mi papá y pensó que no, la gente es muy cruel, porque el México de esa época era muy conservador y un bebé tenía que ser natural, fruto del matrimonio y no adoptado. Dijo: 'No traje a esta bebita aquí para sufrir, para que se burlen de ella, no'. También creía que lo amaría menos si supiera que era adoptada".

Lo que María José compartió a continuación era raro incluso en el caso de adopciones ilegales o indebidas.

"Mis padres adoptivos se deshicieron de todos los documentos y registros de mi nacimiento y adopción españoles. Lo quemaron todo menos un papel que tenía el nombre del hospital, el nombre de la madre (Mercedes) y poco más. Luego me registraron como si hubiera nacido en México y yo fuera su hija biológica. Después me rebautizaron María José Ramírez González. Había 2 testigos, y en ese momento no necesitabas los papeles del hospital, ni un médico que dijera que naciste allí, solo tenías que presentarte con dos testigos que dijeran que naciste allí. Su palabra era aceptada. Más tarde, cuando tenía 14 años, descubrí que era adoptada. Mi mamá me lo dijo, y luego mi papá hizo un escándalo porque no quería decírmelo. Pero le dije que lo amaba igual. Fue una sorpresa para mí descubrirlo, aunque siempre me pregunté a quién me parecería. Mi mamá era muy alta, muy blanca y delgada con ojos pequeños color miel. Mi papá tenía ojos y cabello castaños. Mi mamá me decía 'te pareces a tu abuela'. Como la mamá de mi papá era la única abuela que conocí y tenía el pelo blanco y los ojos azules como yo, bueno, me lo creí, pero noté que otras cosas no encajaban bien en mi supuesto origen.

Pero realmente no me perdí nada porque era su única hija, su princesa. Fue un gran golpe cuando murieron, mi mamá hace 10 años y mi papá hace 6 años. No les dije que estaba buscando porque no quería herir sus sentimientos, pero después de su muerte pude buscar más abiertamente. Cuando murió mi madre, sentí realmente la necesidad de conocer mi historia, de dónde vengo.

Cuando encontré a Mercedes, mi papá todavía estaba vivo y se sentía triste de que yo estuviera buscando, así que dejé de comunicarme con Mercedes por un tiempo. Cuando murió, sentí que no estaba dañando a nadie por buscar. Mis padres siempre pensaron que todo era legal y que mi madre biológica me dio para que pudiera tener una vida mejor porque no podía cuidarme. Mi madre me había animado a buscar, así que, si encontraba a mi madre biológica, podría darle paz, podría decirle la vida feliz que tuve con mi familia adoptiva. Hace unos 8 años me puse en contacto con una asociación de bebés robados en España y les di toda la información que tenía y les dije que estaba buscando a mi madre, y en Facebook nos conocimos, porque ella también me había estado buscando a mí.

Mercedes estaba muy feliz y quería contárselo a todo el mundo, pero yo tenía muchas reservas porque mi padre todavía estaba vivo. Luego comencé a bloquear las fotos que ella colgaba en mi muro de Facebook y se sintió muy herida. Por supuesto, yo no entendía la mala situación que había vivido ella, porque me robaron, no me dio. Ella recuerda el embarazo, el parto, cómo me arrancaron de sus brazos... y yo no recuerdo nada, solo vivía con mis padres en México. Me sorprendió mucho porque mi objetivo al conocerla era simplemente agradecerle el darme en adopción y que me contara un poco sobre mi historia y por qué me entregó. No tenía la intención de tener una relación cercana. Ella se enojó mucho, me deseó lo mejor y se despidió. A lo largo de los años, me escribió y me pidió que me hiciera la prueba de ADN. Mi papá ya estaba muerto y me contó toda la historia de cómo pasó todo y cómo me había buscado desde que me llevaron. Vi en internet todas las entrevistas que había hecho mientras me buscaba y me enteré de los bebés robados en España. Finalmente, entendí mucho más.

Mis padres siempre serán mis padres, pero también quiero conocer a mi madre biológica y tener una relación con ella. Todavía no he podido conocerla en persona, pero me gustaría mucho. Ahora no tengo los medios para ir a España porque mis dos hijas también quieren ir a conocerla y sería un gran gasto, pero están muy emocionadas por conocer a su nueva abuela".

En el próximo capítulo, Capítulo 4, escuchará el extraño pero fascinante caso de **Ascensión López**, una posible bebé robada, que puede terminar en la cárcel por, como ella afirma, simplemente decir la verdad sobre una persona que aparece en todos sus documentos cargados de irregularidades.

Capítulo 4
El extraño caso de Ascensión López
Clara Reinosa, una niña traicionada

Mientras nos preparábamos para entrevistar a Ascensión López como parte de nuestro documental, ella revisaba sus documentos personales que llenaban varias carpetas. Cada cierto tiempo sacaba un trozo de papel o un documento o incluso un certificado oficial y nos mostraba fuera de cámara. Siempre con una pregunta, ¿cómo?, preguntaba ella, ¿nadie puede ver la verdad? ¿Cómo puede alguien negar lo que me pasó cuando era un bebé y lo que me está pasando ahora, como adulta y madre de mis propios hijos?

¿Realmente cómo?

A medida que hablamos con Ascensión y revisamos más y más pruebas que seleccionó de sus voluminosos archivos personales, se volvió aún más sorprendente la posición en la que se encuentra actualmente.

Acusada y condenada por cometer el delito de *calumnia* contra una monja conocida, similar pero no exactamente como el delito civil de calumnia o libelo en EE. UU. Ascensión se sentó con nosotros en un apartamento que no era el suyo, en un lugar que nos pidió no divulgar. Admitió que también tiene pocos fondos y no puede trabajar debido a su mala salud, y se enfrenta a una posible sentencia de cárcel a menos que pague una multa considerable que no puede pagar. (1)

Todo esto, dice Ascensión, se debe al simple hecho de hablar y decir la verdad en la televisión nacional de España. Contó que pensaba que era un bebé robado y dijo quién coordinó el proceso y la venta de ella cuando era bebé. Mostró su evidencia frente a las cámaras y poco después se encontró en el punto de mira de una monja poderosa y una iglesia aún más poderosa.

El hecho de que la monja en cuestión es su propia tía simplemente lo hace más extraño, pero ciertamente, basado en la evidencia que recopiló, no menos creíble.

Ascensión también nos dijo que, aparentemente por consejo de su abogado, en realidad no puede decir el nombre de su tía, la monja, como responsable de que ella (Ascensión) fuera presuntamente robada y vendida cuando era bebé. Le aseguramos que no le pediríamos que hiciera tal cosa.

Por otro lado, no estamos bajo tal consejo u orden judicial y queremos que ustedes sepan la verdadera historia. Entonces, cuando vea el nombre de la tía/monja, es a raíz de nuestra investigación, no nos lo dijo Ascensión.

Pero nos estamos adelantando un poco aquí, ¿no es así?

Pronto, nuestras cámaras estaban listas y Ascensión también.

"Nací en Sevilla, España, pero me crie en Almería. Era una vida normal, supongo, es cierto que mis padres eran mayores que la mayoría de los padres de mis amigos. La gente bromeaba diciendo que mis padres parecían más mis abuelos y en ese momento era gracioso para mí, pero nunca pensé nada más en eso.

Pero mi vida cambió totalmente y empeoró cuando tenía 8 años. Mi padre se puso muy enfermo y un día, cuando volví de la escuela, me enteré de que acababa de morir. Cuando entré a nuestra casa había mucha gente, a algunos los conocía, a muchos no. Escuché a alguien decir que la niña no debería enterarse. Me empezó a entrar el pánico y, a pesar de que me dijeron que no fuera, corrí a la habitación de mi padre y vi que acababa de morir. Ni siquiera estaba frío todavía cuando extendí la mano para tocarlo, salí corriendo de su habitación y fui a mi habitación y me tiré en mi cama y comencé a llorar. Recuerdo llorar y luego levantar la vista cuando una persona muy cercana a mi familia entró bruscamente y me preguntó secamente: '¿Por qué lloras tonta? Ese hombre ni siquiera es tu verdadero padre. Te compró al nacer. Para de llorar.'

Así fue como descubrí que fui adoptada y que este hombre a quien conocía como mi padre desde que tengo memoria no era mi verdadero padre".

Ascensión hace una pausa mientras mira fijamente un papelito de su archivo. Ella lo saca, lo acerca a la cámara y proporciona brevemente algo de contexto.

"Mira, según esta acta, ya me pusieron el nombre de Ascensión el 7 de mayo, pero apenas 2 días antes en la Casa Cuna tenía el nombre de Consuelo (sostiene otro papel). Y luego, solo 2 días después, el 9 de mayo, los registros muestran que ya me habían dado el apellido de López que era el de mis padres adoptivos. ¿Cómo es eso posible?"

A continuación, Ascensión selecciona más documentos de su archivo para mostrárnoslos.

"¿Ves esta carta? Esta es una carta con su firma (Baena), este es su nombre y su firma, y aquí le escribe el presidente del consejo de gobierno de Sevilla agradeciéndole su interés por el bebé, yo. Y aquí (señalando una nota) es donde ella sirvió como testigo de la adopción, en lugar de estar el nombre de los padres adoptivos, está su nombre solo como la persona de contacto principal. ¿Cómo pudo no haberlo sabido?"

Momentos después, Ascensión continúa con su narrativa personal.

"En ese momento tengo una falta de memoria desde el momento en que murió mi padre adoptivo. No sé cuánto tiempo pasa, pero sé que cambié, me quedé muy callada y siempre estaba triste".

Preguntamos a Ascensión si habló con su madre sobre sus sentimientos, sobre la pérdida de su padre y su depresión.

Su respuesta llega lenta y con mucha emoción.

"No, antes de que mi padre muriera, estaba muy enfermo y durante unos 3 meses tuvo que permanecer en cama. Y durante ese tiempo me sucedieron algunas cosas, algunas cosas terribles por parte de unos miembros de mi familia. Y después de que sucedieron, estas personas de mi familia, estos miembros varones, me decían que 'eres mala. Y si tu padre alguna vez se entera de lo mala que has sido, se muere'.

Ascensión respira hondo y continúa con lo que claramente es un recuerdo doloroso.

"No puedo decir lo que ocurrió exactamente, pero imagínense a una niña de 8 años sola con dos hombres adultos que la obligan a hacer cosas. Cosas sexuales. Entonces, cuando mi padre murió, todo lo que podía pensar era que fue mi culpa que él muriera porque hice cosas malas y se enteró y eso lo mató.

Nunca antes había hablado de esto. Me ha tomado 50 años solo verbalizar lo que me pasó".

Ascensión se toma unos momentos para recuperar su enfoque y la animamos a que continúe su historia, pero solo si es capaz y está dispuesta. Ella nos dice que siente la necesidad de dejar las cosas claras.

"Pasan algunos años y mi madre un día viene a verme y me dice que 'me enteré de que tenías dudas sobre quién eres y tal vez incluso sepas que no somos tus verdaderos padres. Es verdad. Es hora de que sepas la verdad'. Luego procede a contármelo.

Para entenderlo completamente, debemos viajar un poco atrás en el tiempo hasta Franco y el régimen fascista. Mi padre era militar, una persona muy dictatorial. Estuvo muy pegado al régimen franquista, de hecho, tenía un alto cargo en la *Falange* y mi madre era la típica mujer de esa época, sumisa y que había nacido para obedecer al marido y para servir al régimen.

Entonces, me dice que un día está en casa y suena el teléfono, y es la sobrina de mi padre (Baena) y le dice a mi madre 'Ven a Sevilla, que el bebé está casi a punto para llevar'. Cuando mi padre llega a casa mi madre le pregunta sobre la llamada, ¿qué significaba? y él le dijo que van a ir a Sevilla a un lugar para adoptar un bebé. No sabe si será un niño o una niña. Así fue como mi madre se enteró de que iban a adoptar un bebé. Me dijo que nunca tuvo la intención ni el deseo ni la necesidad de ser madre. Dijo que estaba de acuerdo porque era el deseo de mi padre y estaba obligada a obedecer a su marido.

Me contó que se quedaron en Sevilla como una semana esperando recibir la noticia de que el bebé había nacido y estaba listo para llevar. Lloró toda la semana porque nunca quiso ser madre ni adoptar un bebé. En ese momento ella ya tenía 60 años. No tenía ningún deseo de ser madre a los 20, así que imagínense lo terrible que se sintió cuarenta años después.

Fue en ese momento cuando mi madre me contaba todo esto que sentí la necesidad de saber qué pasó realmente y quiénes eran mis verdaderos padres. Y cuando comencé a pedir más detalles, mi madre siempre me contaba la misma versión mientras otros miembros de mi familia me contaban historias diferentes, hechos diferentes.

Mi intuición o instinto, como quiera llamarlo, me decía que alguien me estaba mintiendo. Y cada vez que veía a alguien de mi familia y le preguntaba al respecto, obtenía una versión diferente y nadie me daba una respuesta directa. Pero lo único coherente que decían es que la sobrina de mi padre, mi tía (Baena) que vivía en Sevilla conocía todos los detalles. Pero cada vez que le preguntaba (a Baena) directamente, ella me decía: "Busca todo lo que quieras, nunca la encontrarás (a mi verdadera madre)".

Pero pasó el tiempo y en el 2011, cuando el tema de los bebés robados aparecía cada vez más en los medios y en la televisión de

España, empecé a ponerme en contacto con asociaciones de bebés robados y a pedir mi documentación. Vi mis documentos, mis papeles (Ascensión hace un gesto hacia su archivo que está en su regazo) eran los mismos que muchos de los casos de bebés robados en la televisión. Información errónea, firmas falsificadas, fechas y nombres que no coinciden. Mentiras.

En Almería, la ciudad donde vivo, bueno, pensé que mi caso sería el único. Yo nunca pensé en crear una asociación de bebés robados de Almería porque realmente, solo quería investigar mi caso. Pero pronto supe que había muchos casos como el mío. Me quedé atónita. A medida que más y más gente se enteraba de mi búsqueda, venían a pedir ayuda, y entonces se creó la idea de la asociación. Al poco tiempo ya habían más de 300 casos, todos ellos eran muy similares.

Mientras tanto, me comuniqué con mi tía, la monja, y le dije: 'Mira, te he pedido muchas veces que me cuentes lo que realmente me pasó. Ya te lo pedí cuando era niña, de adolescente y ahora, te lo pido de adulta. Si me dices la verdad, no presentaré mi caso a los medios públicos. Yo solo quiero saber la verdad".

Solo quería saber quién soy realmente. No buscaba causar problemas.

Y ella me dice: "Haz lo que quieras, busca donde quieras, nunca encontrarás nada, nunca sabrás la verdad".

Y fue entonces cuando nació la asociación de bebés robados de Almería. Ya tenía bastante".

Le pedimos a Ascensión que nos contara cómo había ido su búsqueda de la verdad, qué había encontrado.

"He estado buscando ahora durante años. Aun así, falta información. Siempre estoy buscando más pistas, pero como muchas de las víctimas, a menudo, porque archivan nuestros casos o nos mienten o destruyen documentos u ocultan los registros en los archivos de la iglesia, solo existen los medios de comunicación o películas como la suya para ayudar a obtener la información. Para que la verdad salga a la luz.

En mi caso, no hace mucho me pidieron que fuera a un programa de televisión en España y contara mi historia. Así que lo hice. Les conté cómo mis registros muestran que tengo 3 identidades. Hasta los 14 años crecí creyendo que mi nombre era María Dolores. En la última voluntad y testamento oficial de mi padre, mi nombre figura como María Dolores. Pero cuando tenía 14 años y fui a sacar mi DNI, solicité mi partida de nacimiento en Sevilla y no había nadie con ese nombre. Se lo dije a mi tía, la monja, y de la nada me dice: 'Sí, prueba el nombre de Ascensión'.

Lo intenté de nuevo, esta vez con el nombre de Ascensión y poco después me enviaron mi partida de nacimiento. Y en ninguna parte del certificado dice que fui adoptada. El tiempo pasa un poco y me animo a hacer más preguntas y esta vez, pido mi expediente de adopción. Y para mi sorpresa recibo un expediente y en él aparece mi nombre como Consuelo.

Entonces, por eso digo que yo tengo 3 identidades, una persona. Todos los documentos públicos con el mismo apellido, los mismos nombres de mis padres, todo lo demás igual. Y en cada uno de esos documentos diferentes aparece el nombre de la sobrina de mi padre y su firma, como testigo y persona que tramita mi adopción. Si digo mucho más quién sabe, tal vez me penalicen más.

Mi madre me dijo que pagaron mucho dinero por mí. En el programa de televisión yo no la acusé (a Baena) de robarme o ganar dinero con mi venta cuando nací ni nada. Solo dije: 'Mira, esto es lo que muestran los documentos'. Nada más".

Queríamos clarificar los cargos que enfrenta Ascensión en este momento. Entonces, le preguntamos si lo que ella pensaba que la metió en problemas durante el programa de televisión era

107

simplemente el hecho de leer el nombre de su tía, la monja, en los documentos.

"Sí, justo después de que se emitió el programa de televisión, ella (la tía) presenta una querella por lo penal acusándome de *injurias y calumnia*, (insulto o información falsa que daña la reputación de alguien) contra mí, y el tribunal acepta la denuncia y me declara culpable. Me condenan a pagar una multa de más de 55.000 euros (más de $ 60.000 USD) como castigo por haber insultado a esta señora, y si no la pago, iré a la cárcel. Esta indemnización es para ella. Yo no tengo posibilidad de afrontar esa suma de dinero. Mi salud es mala, mi situación económica es malísima, ahora estoy viviendo aquí en el apartamento de una amiga y no tengo trabajo.

Tengo miedo incluso de hablar con ella o de que mis amigos hablen con ella, está muy bien conectada, es poderosa, la Reina Sofía le otorgó una medalla por sus servicios. Tengo miedo de qué más me pueda hacer, porque ya me ha castigado por intentar decir la verdad.

Algunas personas, otras víctimas, han intentado hablar con ella y pedirle que me perdone. Pero ella solo les dice que lo tengo merecido. Pero ¿qué merezco además de la verdad? ¿Solo saber quién soy realmente antes de morir?

Si, nada más que por eso, me estoy haciendo pruebas de ADN porque estoy enferma y quiero saber qué enfermedades hereditarias tengo para que mi hija pueda saberlas y hacerse exámenes médicos. Si lo hubiera sabido antes, podría haber prevenido cosas, ahora mi vida se acorta y la calidad de lo que me queda está disminuida.

Es difícil no concluir que ella (la tía) sabía mucho sobre la adopción ya que firmó todos los papeles y admitió que su tío (mi padre) quería una niña por lo que pidió una niña (esas fueron sus palabras). Ella es la que redactó la solicitud y obtuvo toda la documentación, ¿cómo puede no saber nada?"

Hablamos con Ascensión sobre algunos de los detalles de su sentencia judicial. Si no puede pagar, el tiempo que pasaría en la cárcel sería de unos 6 meses.

"Si la religiosa (Baena) me perdona entonces el caso puede ser desestimado. Pero ella dice que nunca me perdonará. Supongo que como monja esa es su idea de la caridad cristiana. Pero nuevamente, pregunto, ¿qué hice yo que necesita el perdón?"

Después de hablar con Ascensión, entrevistamos a su entonces abogado, Juan de Dios, en una concentración de bebés robados en Sevilla. Nos contó que Ascensión había acusado a la sobrina de su padre, Dolores Baena, sin haber antes seguido un proceso legal y pasó a elogiar la profesionalidad y honestidad de los agentes del orden, el tribunal y el juez que presidió su juicio. Uno de nuestro equipo de filmación pensó que podríamos haber filmado al fiscal del caso por error. No hay error. Filmamos a la persona correcta. Digamos que fue más respetuoso con la oposición que los abogados defensores que conocemos en Estados Unidos.

Él nos insinuó una posible "bomba" en su caso que, hasta donde sabemos, nunca se materializó.

Escuchamos de varias otras fuentes que deseaban permanecer en el anonimato por temor a represalias que la "bomba" es que Dolores Baena es realmente la madre biológica de Ascensión. No podemos confirmar ni eliminar por completo esta posibilidad. Solo podemos compartir que Ascensión se ha comprometido a escribir algún día sus memorias y una vez que el miedo a ser encarcelada o multada de nuevo haya desaparecido, dice que todos los hechos finalmente saldrán a la luz.

Hasta que llegue ese día, si llega, solo podemos desearle a Ascensión todo lo mejor.

En la siguiente sección, Clara comparte su propia historia dramática.

Clara Alfonsa Reinosa, una niña traicionada.

"La justicia no funciona para personas como nosotros.
Solo protege a los ricos y a los poderosos."-
Manuel, esposo de Clara

Habíamos escuchado bastante sobre Clara incluso antes de reunirnos para charlar con ella en el 2018. Cómo había hecho públicas sus acusaciones sobre el robo de su bebé y cómo había señalado con el dedo acusador a varias personas, incluida, en ese momento, la Ministra de Defensa de España, Margarita Robles. (2) Algunos miembros de asociaciones de bebés robados describieron a la mujer que pronto entrevistaríamos como una mujer decidida pero casi fuera de control, empeñada en conseguir justicia.

En persona, al menos con nosotros, no era nada como nos la describieron. Firme pero autónoma, apasionada pero introspectiva, profundamente reflexiva sobre todo lo que le había sucedido en las últimas décadas.

"Quedé embarazada cuando era joven, muy joven. Fue una situación delicada. Mi vida en casa era complicada, muy abusiva. Éramos nueve niños. Una vez llegué a casa y mi padre estaba borracho y me golpeó. No sabía a dónde más acudir, así que fui a ver a la trabajadora social que estaba a cargo del caso de mi familia. Ese mismo día le conté lo sucedido, vio la situación en casa y me llevó en su coche a un centro para madres solteras en Barcelona, llamado *Santa Eulalia*.

Poco después del Día de Reyes (6 de enero, España festeja los Reyes Magos, los niños reciben regalos), alrededor del 11 o 12 de enero y hasta el 10 de mayo estuve en este centro. Yo era feliz. Estaba con otras mujeres embarazadas y niños y pude experimentar lo que eran las sábanas limpias y comer 3 veces al día. Sentí que había escapado de la horrible situación en casa. Yo era más optimista. También me volví más saludable. No recibí ninguna visita del médico durante mi tiempo allí.

El 10 de mayo me lleva en coche una mujer, ahora sé que esa mujer es Teresa Cervelló (abogada), de todas formas, me lleva de *Santa Eulalia* a un edificio que se llama la *Casa de la Jove* en Barcelona y me dice que voy a tener controles médicos regulares, que el centro médico (para dar a luz) estaba más cerca de aquí (*Casa de la Jove*). Esto no era cierto, donde me estaba quedando antes estaba mucho más cerca. El primer día que llegué a la *Casa de la Jove*, me dijeron que me diera prisa y me preparara, que me duchara y guardara mis cosas todo lo más rápido que pudiera que me iban a llevar al centro médico. Una mujer diferente, Cristina Rimbau, me dice que ha sido asignada para ser mi trabajadora social, me lleva a este otro centro médico. Desde entonces descubrí que esto también era una mentira, ya que ella solo fingió ser una trabajadora social y terminó adoptando a mi bebé sin mi conocimiento ni consentimiento. Estaba bajo la tutela legal del juzgado de menores y mi juez asignada era Margarita Robles.

Cuando llego al centro médico me hacen varias pruebas y me alegro porque me dicen que todo está bien, que el bebé está fuerte y yo veo su latido por la ecografía. Me dicen que es un varón. En este momento, estoy embarazada de poco más de 7 meses. Me dijeron que estaba en un centro médico público. Ahora sé que esto también era falso, era entonces y sigue siendo hoy una prestigiosa clínica médica privada. Solo tenía 14 años en ese momento. El 2 de junio de ese mismo año cumplí 15 años. El 18 de junio me dieron una manta azul, ya que estaba embarazada de un niño según me dijeron, y algunos otros artículos de bebé, algunos pañales, algunos chupetes, cosas así. Una de las enfermeras me dijo que me preparara, que era hora de dar a luz, que todo el mundo estaba esperando, pero yo no tenía dolores de parto ni nada y no tenía que dar a luz hasta dentro de 2 o 3 semanas.

Sin embargo, hice lo que me dijeron y me preparé. Llamaron a un taxi, no a una ambulancia, lo que me pareció muy extraño. Me subí al taxi y me dieron para que tomara unas pastillas porque estaba muy nerviosa. Las tomé y momentos después me desmayé porque no recuerdo nada más, ni entrar a la clínica, ni dar a luz a mi bebé, nada. Solo recuerdo que me desperté y me dijeron que ya había dado a luz. Mi bebé nació alrededor de las 4-4: 30 a.m. según me informaron. Pedí ver y coger a mi bebé, pero el médico me dijo que las cosas fueron mal y que mi bebé había muerto durante el parto.

Yo estaba en shock. Mi mente se puso en blanco. Estaba como paralizada. Ni siquiera podía llorar o gritar.

No parecía real. Era como un sueño. Pregunté qué pasó y todo lo que dijeron fue que el bebé era pequeño y no sobrevivió. Entonces, comencé a llorar y el médico dice: 'Deja de llorar, eres muy joven, puedes tener muchos más bebés'. Me sentí completamente sola y solo recuerdo que quería ver y abrazar a mi bebé. Luego se fue y yo me quede totalmente sola, sola con mi dolor.

Me quedé en la clínica durante 2, casi 3 días, y durante ese tiempo, nadie me visitó. Mi familia estaba bajo la tutela del estado y no se les permitió venir. Las personas como Teresa Cervelló o Rimbau, que me llevaban de la mano antes del parto, nunca me visitaron ni contactaron una vez que di a luz. De vez en cuando, una enfermera venía a tomarme la tensión, me veía llorar, pero no decía nada, solo que estaba haciendo demasiado ruido para los otros pacientes.

Además del vacío, me sentía muy mal, quería huir. Pero ni siquiera podía caminar. Quería irme, pero no me dejaban salir de mi habitación. Finalmente, el 21 de junio me dieron de alta y la directora del otro centro, Mercedes, me recogió y le dije que mi bebé había muerto. Ella no pareció sorprendida en absoluto y dijo lo mismo que la enfermara: 'Eres joven, puedes tener más'. Cuando le dije lo terrible que era no ver a mi hijo, ni abrazarlo ni tocarlo, simplemente me dijo que me lo saque de la cabeza, que lo olvide, que puedo tener más bebés, que deje de llorar.

En el camino de regreso al centro, le dije a Mercedes que tenía 17 puntos de sutura y que todavía estaba sangrando mucho. Pero cuando llegamos, me dijo que tenía que irme y que ya no podía quedarme allí. Recuerdo haberle dicho: 'Pero, Mercedes, ¿a dónde voy? No tengo adónde ir. Estoy sangrando, no puedo caminar, tengo miedo'. Y me dice: 'Tienes que llamar a alguien porque no puedes estar aquí'. Le rogué que me dejara quedarme unos días más. Los documentos oficiales muestran que la *Casa de la Jove* me dio el alta el 21 de junio, pocos días después de que saliera del hospital. No conocía ni comprendía mis derechos ni lo que significaba estar bajo tutela legal. Nunca me lo explicaron.

Sin embargo, creo que me desmayé porque me pusieron en una cama pequeña y me administraron antibióticos porque tenía fiebre muy alta. Me dijeron que tan pronto como pudiera caminar, tenía que irme.

Poco tiempo después puse mis cosas en una bolsita y me fui.

Recuerdo ir andando hasta la estación de tren de Barcelona, caminar y llorar.

Caminé cerca de las vías del tren y decidí saltar delante del siguiente tren que venía y terminar con todo. El dolor, la pérdida de mi hijo, todos los recuerdos del abuso…

Pero cuando se acercaba el tren, un hombre estaba en el andén, paseando a su perro y me vio llorar. Me dijo que las cosas mejorarían, que no me rindiera, que la vida realmente era maravillosa. Esas palabras se quedaron conmigo y decidí no saltar".

Clara hace una pausa para mostrarnos algunos de sus documentos. Tiene montones de documentos y muchos archivos. Parece que tiene tanta o más "evidencia pura" que cualquiera de las víctimas con las que nos habíamos reunido anteriormente para compartir sus historias. Prometimos filmar estos documentos y aprender más después de su historia.

Ella continuó:

"Manuel (ahora, su marido) y su pareja me habían prometido recogerme en la estación. Pero no aparecieron. Estaba segura de que también me habían mentido y engañado. Pensé que era una tonta por no saltar. Justo en ese momento escuché mi nombre, eran Manuel y su compañera, Ángela. Me llevaron a un apartamento no muy lejos de la estación y me dejaron quedarme allí para recuperarme. Ellos tenían que viajar a Alemania. Durante 6 meses me quedé allí sola. No sabía cocinar, así que terminé comiendo muchos *bocadillos*. Pasé la Navidad sola. Veía madres con sus bebés y me sentía muy triste y deprimida.

Manuel regresó, pero no con su compañera, Ángela. Habían roto. Me llevó a un psicólogo para tratar de combatir la depresión por la pérdida de mi bebé. Él estaba con disputas y trámites de divorcio y no podía ver a sus hijos. Nos contamos nuestras penas y tratamos de consolarnos. Con el tiempo, nuestra relación se hizo fuerte. Años después, nos casamos y hemos estado juntos desde entonces".

En este momento, Manuel entra en la habitación y promete regresar, ya que tiene algunas cosas que él también quiere compartir. Clara se ríe un poco, diciendo que de los dos él es el que está aún más enojado con todo. Vuelve a su historia.

114

"En el 2013, recibí una llamada telefónica y me dijeron que tenían algunas noticias para mí, pero sería mejor que no estuviera sola. Manuel estaba conmigo, así que les dije que continuaran. Empecé a ponerme muy nerviosa. El hombre, un abogado, me preguntó si di a luz el 18 de junio de 1987 y le dije que sí y le pregunté por qué me hacía estas preguntas. Me dijo que había dado a luz a una niña y no a un niño, que me habían mentido y que esta niña, ahora adulta, mi hija, me estaba buscando y quería conocerme en persona.

Pensé que era una broma, una broma cruel y de mal gusto. Le dije que tuve un niño y murió. El abogado me dice: 'No, hemos descubierto la verdad, tenemos los documentos reales. Tuviste una niña. Ella está viva y quiere verte'.

Me desmayé.

Cuando desperté, Manuel me preguntó qué había pasado. Se lo conté. Volvieron a llamar y era Eduard Hernández, un psicólogo. El señor Hernández le explicó todo igual a Manuel. Queríamos verlo en su oficina, pero era viernes. Tuvimos que esperar hasta el próximo lunes. ¿Te imaginas el fin de semana que tuve sin saber si esto era cierto o no?

Por fin llegó el lunes y vimos al señor Hernández. Me dio todos los detalles, cuando di a luz, el día, la hora, la clínica, el médico, todo. Me convencí y dije: 'Quiero ver a mi hija'.

El viernes de esa misma semana tuvimos el encuentro".

Clara nos mostró brevemente un álbum de fotos que le dio su hija y luego continuó.

"Mi hija, llamada Marina, ya estaba en la oficina, esperando que llegara yo para nuestro encuentro. Aunque nunca nos habíamos visto antes, me dijo que cuando me vio desde la ventana supo que yo era su madre. En cuanto a mí, podía sentir que ella era mi hija.

Cuando nos vimos en persona, ambas comenzamos a llorar, como niñas, no podíamos dejar de llorar. No queríamos soltarnos de las manos. Físicamente, Marina es muy similar a mis otras chicas (Clara y Manuel tienen dos hijas juntos). Me dio un álbum de fotos que preparó para mí, desde que nació hasta el día de nuestro encuentro.

Me explicó que había estado buscando a sus padres biológicos desde 2012. Escribió a la clínica y al médico que me atendió preguntando por sus verdaderos orígenes biológicos. Les pidió mi nombre, pero tenían mi nombre escrito incorrectamente en los formularios. Habían cambiado el orden de los apellidos, la fecha de nacimiento, todo. Su padre (adoptivo) compró a Marina cuando nació por 6.000 euros al mes durante un año. Marina siempre supo que fue adoptada.

Al principio todo fue maravilloso. Nos llevábamos de maravilla. La bauticé en Santa Susana, conversamos, viajamos juntas. Ella me ayudó con la denuncia judicial de mi caso y me dio copias de gran parte del papeleo que le habían entregado. Su padre adoptivo sabía que ella estaba buscando a sus verdaderos padres, pero su madre no tenía ni idea. Si preguntaba, le decían que Marina estaba con amigos o en la escuela, cualquier cosa menos la verdad porque sabían que ella no lo aprobaría.

¿Por qué? Porque no es una madre adoptiva legítima. Ella es Cristina Rimbau, la mujer que se hizo pasar por mi trabajadora social y me dijo que me cuidaría. Ella fue la que sacó a mi bebé de la clínica sin documentación. Solo 36 horas después hizo que inscribieran al bebé y luego solicitó una admisión provisional y afirmó que el bebé fue abandonado por la madre, todo el tiempo ella sabía, por supuesto, que yo era la madre y ella me robó a mi bebé. Ella tomó la ley en sus propias manos y no es la única que conspiró para hacer esto, ni la única culpable.

Margarita Robles, la jueza que era mi tutora legal y se suponía que debía protegerme mintió y falsificó documentos públicos, y sabía lo que me había pasado a mí, a mi bebé y por qué. Constantemente le estoy pidiendo una explicación, no me importa que sea poderosa y se crea irreprochable, necesita responder por lo que hizo. Falsificó documentos con mi identidad para facilitar esta adopción ilegal. Sabía que mi familia estaba bajo la tutela del estado por abuso doméstico, abuso sexual a menores y abandono, pero ni siquiera 2 meses después de yo dar a luz falsificó un documento para decir que tenía 17 años y podía ser arrojada a la calle sin nada, sin protección ni cuidado. No, yo acababa de cumplir 15 años cuando ella hizo esto. No pude conseguir un trabajo legalmente, ni siquiera obtener el carné de identidad. Yo todavía era menor de edad y ella juró que era mayor de edad y que ya no tenía que ser atendida por el estado.

¿Quién les autorizó a darme las pastillas que me drogaron, para que no pudiera recordar el parto ni el nacimiento? ¿Quién más podría haber sido sino ella?

Le pedí que me explicara por qué me hizo esto, por qué me robaron a mi bebé, por qué violó mis derechos. Dijo que hizo todo lo posible por el mejor interés del menor, que debería dejarla tranquila y no volver a hablar con ella.

Solo quiero una explicación de por qué me robó mis derechos como menor, madre, mujer, ¿por qué?

Quiero recuperar mi dignidad, que diga que cometió un terrible error, que admita que lo que hizo fue inhumano y que me diga que lo siente.

El juez (en su caso) cree que yo sabía que se estaban llevando a mi bebé y que yo lo autoricé. No hice nada de eso, ¿dónde está el documento firmado, ¿dónde está mi consentimiento? Todo mentiras.

El testimonio real de una víctima en España en estos casos carece de valor. Seguiré diciendo la verdad, y es que en España es legal robar el bebé de otra madre, sobre todo si se tiene conexiones con gente poderosa. Recibo llamadas y la gente del gobierno me dice que deje de crear 'alarma social' y que me calle. Estoy diciendo la verdad. No es culpa mía si les resulta desagradable escuchar la verdad. Me robaron a mi bebé, no un coche, ni joyas, ni otra cosa, sino a mi bebé. Nunca dejaré de luchar".

Le preguntamos a Clara qué pensaba que había detrás de todas estas adopciones ilegales, el robo de bebés en España.

"En la raíz de todo está el dinero y la corrupción. Los que están detrás de este mal solo están esperando que todas las víctimas nos muramos, que simplemente desaparezcamos. Quieren que el Dr. Vela muera para que no salga la verdad, y que las viejas víctimas que llevan buscando a sus bebés durante décadas mueran con sus documentos falsos y sus recuerdos.

Lo que le pasó a Ascen (Ascensión López) es vergonzoso, pero la están castigando porque no siguió el proceso formal que querían que siguiera. Pero ¿por qué iba a presentar un caso? ¿Por qué? ¿Solo para que se lo archiven a pesar de todas las pruebas que ha reunido?

Yo no tengo miedo de lo que me pueda pasar. Si miento entonces Cristina Rimbau, denúncieme. Si miento, Teresa Cervelló, denúncieme. Y si miento, Margarita Robles, denúncieme, si se atreve.

He recibido amenazas de personas anónimas que me dicen que es mejor que deje de hablar de Margarita Robles y el robo de mi bebé, y que es mejor que vigile mis pasos o tal vez les pueda pasar algo a mis otros hijos. Denuncié todo esto a la policía. No se hizo nada.

No tengo miedo. No me detendré hasta que admitan la verdad de lo que hicieron. Me robaron a mi bebé y lo encubrieron".

Stolen Babies of Spain- Valencia

Paqui

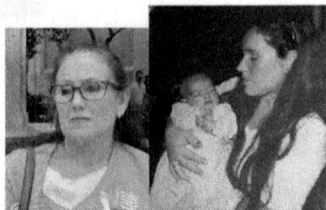
María Jesús

Valencia Rally Group 2018

Paco & Lolo

Enrique with father/Enrique with son

Ralliers signing petition

Nun at rally

Gigante costume

SBOS victim

Rafael

Antonio at the rally

Stolen Babies of Spain- Alicante and Cádiz

Chary

Paquita

Josefa's "twins"

Mari Feli and Josefa

Margarita and Jesús

Ángel

Soledad

Laura

Cádiz Exhumation

Alicante Sunrise

Cádiz Sunset

Stolen Babies of Spain- Sevilla

Esmerelda and Gracia

Manuela

Ñoñi and Mara

Lidia and Carmen A.

Conchi and her daughter

Carmen F.

Alfonso

Lidia

Church in Sevilla

Sevilla by Horse and Carriage

Stolen Babies of Spain- Ascen, Clara, Raquel, and Magaly

Ascensión

Clara

Ascensión- Public Accusation

Margarita Robles

Manuel

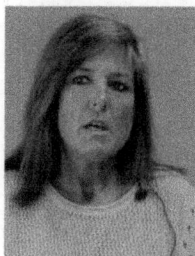 

Raquel

 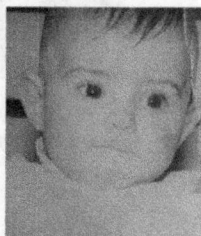

Magaly

Baby Raquel's Announcement

Magaly on radio

Puerto Rican TV

Panama City, Florida

Old San Juan, Puerto Rico

Stolen Babies of Spain-Inés Madrigal

Little Inés

Inés with her Mother

Inés with her Father

Inés and Mara, the interview

"El Rey"

Stolen Babies of Spain - The Trial of Dr. Vela

"¡Justicia por fin!"

The yellow gloved brigade

Inés in court

Inés facing the media

Dr. Vela in court

Tony, María José and Matilde

Inés walking to her supporters after Day 1 of the trial

Protesters surround Dr. Vela as he exits the trial

Stolen Babies of Spain-Málaga

SBOS Málaga Association

Encarna

Lourdes and family

Málaga Beach

Isabel Assoc. President

Stolen Babies of Spain-Bilbao, San Sebastián

SBOS Bilbao Association

Mara and Isabel, Bilbao

Andone in San Sebastián Cemetery

Guggenheim, Bilbao

Leti and Marga

San Sebastián

Stolen Babies of Spain-Barcelona

SBOS Assoc. of Barcelona

Dolores age 93. and Adelina

Gaudí's Lagarto

Oscar and Montse

Joan being filmed

Barcelona Street Artist

"Would Jesus steal babies?"

La Sagrada Familia

A meeting of the SBOS Barcelona Assoc.

Stolen Babies of Spain-Experts and Activists

Francisco González de Tena

María José Esteso

Enrique, Mara, in Madrid

Pablo Rosser

Soledad and Mara

Carmen del Mazo

Capítulo 5
Enrique Vila, su historia
¿Reunidas? Julia y Susan

Nos reunimos con Enrique Vila en persona durante el verano del 2018 y desde entonces hemos estado en estrecho contacto como se evidencia, en parte, a través de nuestra colaboración profesional con el Sr. Vila en el desarrollo de este libro. Desde el 2018, Enrique ha continuado trabajando como defensor de las víctimas y, recientemente, se convirtió en el primer abogado en presentar un caso de robo de bebé en España ante el Comité de los Derechos del Niño de las Naciones Unidas en Ginebra. Enrique también estuvo ahí al principio. Como relatamos en el documental, él y el Sr. Barroso fueron los primeros en presentar una demanda colectiva en España en el 2011 en nombre de más de 260 víctimas de bebés robados. A partir de ese momento, el tema comenzó a recibir más atención en los medios, a nivel nacional e internacional. Poco después, los miembros del Parlamento Europeo, en respuesta a una serie de peticiones formales de las víctimas, también enviaron representantes de comisiones para realizar investigaciones y ofrecer recomendaciones que los funcionarios españoles deberían implementar para abordar las denuncias de las víctimas. Examinaremos este aspecto más de cerca en el Capítulo 10. (1)

Pero, como Enrique deja claro en su entrevista con nosotros, y en nuestras conversaciones de seguimiento, hay facciones e instituciones poderosas dentro de España como la Iglesia Católica y líderes que quieren que este problema y sus víctimas simplemente desaparezcan. Muchos son descendientes políticos del franquismo, y continúan haciendo de todo, desde negar rotundamente que exista o alguna vez haya existido un problema de víctimas de robo de bebés en España, denunciarlos, acusar a defensores como Enrique de "farsantes" y usar su poder para poner obstáculos en el camino de las víctimas para asegurarse de que la verdad permanezca enterrada.

Enrique afirma que algunos en los medios de comunicación que hablan en nombre de los poderes atrincherados que simplemente quieren que este problema desaparezca o que las víctimas mueran, también acusan a las víctimas y defensores como Enrique de solo buscar publicidad y dinero. Aunque, como Enrique también deja claro, él y las víctimas de bebés robados en España no tienen interés en obtener dinero por su dolor, su pérdida y su sufrimiento. Sin embargo, ellos y él quieren llegar a la verdad, de una vez por todas.

Durante más de 30 años, Enrique ha estado trabajando en nombre de las víctimas, ya sea que fueron robadas directamente cuando eran bebés o tenían documentos de adopción inscritos falsamente como nacidos de los padres adoptivos (no los padres biológicos reales) o el lugar de nacimiento falsificado o ambos. Enrique nos contó que lo que lo mantiene activo son los encuentros. Esos casos en los que puede ayudar a facilitar una reunión entre los miembros de la familia son, indudablemente, como él dice, "la mejor parte de su trabajo. Esos momentos son realmente fantásticos".

Antes de analizar de cerca algunos casos de sus archivos legales, que ha elegido generosamente compartir con nuestros lectores, primero queríamos compartir con usted su historia. Aunque ha sido un defensor de las víctimas de robo de bebés en España a lo largo de su carrera profesional, primero sintió el dolor y la conmoción de descubrir que no era quien pensaba que era cuando tenía 24 años.

En sus propias palabras:

"No sabía que fui adoptado. Me adoptaron cuando era un bebé. Nadie en mi familia, y todos lo sabían, nunca me dijo nada. Estudié derecho en Valencia, cuando tenía 24 años, mi padre adoptivo contrajo cáncer de pulmón y tuvo que permanecer en el hospital durante bastante tiempo. Su cáncer se extendió y su capacidad de razonar o pensar claramente se deterioró enormemente. Una noche estaba yo solo en casa, organizando sus papeles y documentos porque sabíamos que el final estaba cerca. Y allí, entre los montones de papeles, encontré una vieja carta de adopción. ¡Me quedé impactado!

Aquí, ya estaba afrontando la muerte de mi padre y luego descubrí que no era mi verdadero padre. Para mí fue un golpe brutal.

Lo primero que hice fue mirarme en el espejo y me pregunté en voz alta, '¿Quién soy yo, en realidad?' Estaba buscando mi propia identidad en mi reflejo, buscando quién era esta persona en el espejo cuando algo extraño sucedió. Un recuerdo de mi infancia me vino a la memoria. Cuando tenía 8 años, jugaba con mis primos y se burlaban de mí, diciéndome que no me querían porque me encontraron en la calle, no era realmente de la familia. Empecé a llorar, pero de alguna manera logré compartimentar y reprimir este recuerdo durante muchos años. Ya no.

Pero como dije, como ahora era abogado, tal vez fue la tormenta perfecta de ser adoptado porque me impulsó a investigar y tratar de descubrir la verdad. Quería, necesitaba saber quiénes eran mis padres biológicos y comencé a investigar mi propio caso. Pronto, descubrí muchos problemas con mis documentos, mis registros y lo que me decían. No solo aprendí cómo verificar mi propio caso y los registros donde nací en la *Casa Cuna Santa Isabel* en Valencia, también comencé a conocer muchos otros casos similares con documentos y registros igualmente falsos. Poco a poco la gente empezó a llamarme para ver si podía ayudarlos. Me puse en contacto con una organización fundada por Paco Lobatón, llamada ANDAS, que estaba ayudando a las personas a encontrar a sus seres queridos, para ayudar en las investigaciones. Decidí ayudarlos y así me convertí en su secretario. Durante este tiempo, aprendí aún más sobre las mejores tácticas para encontrar la verdad en estos casos, y en el mío propio, para tener las mejores oportunidades de encontrar a mi madre biológica. Con el tiempo, comencé a especializarme en esta área y a dedicar mi práctica y mi carrera a ayudar a las víctimas de robo de bebés.

Al principio, en el 2009, cuando salió mi primer libro sobre el tema (robo de bebés) en España, comencé a ser conocido como el abogado adoptado que estaba ayudando a víctimas como él a descubrir la verdad. Más tarde, el Dr. Vela se burlaba de mí diciendo en la televisión que todo era mentira y que yo solo era un abogado que inventó la idea de los bebés robados para vender libros… Estoy muy contento de que finalmente se enfrente a un juicio en el caso Inés Madrigal.

La verdad, por supuesto, es que aquí en España la justicia, si es que funciona, funciona muy lenta e inconsistentemente".

Enrique compartió con nosotros una explicación muy detallada de cómo no existe un consenso judicial nacional sobre la mejor manera de abordar los casos de robo de bebés y que, dependiendo de la parte de España en la que viva, los jueces y fiscales locales tienen la exclusiva discreción. El resultado es que muy pocos casos se investigan y se procesan de manera agresiva. Los tribunales nacionales, como afirma Enrique, tienen poco o ningún interés en llegar al fondo o en presionar o hacer que los fiscales hagan algo más que una investigación superficial y apresurada que termina en el cierre de los casos (*archivados*).

"Las víctimas y sus familias en toda España están muy desanimadas. Toda la carga de obtener pruebas recae en las víctimas. Básicamente, deben realizar la investigación, encontrar todas las pruebas, reunir el expediente y llevarlo al fiscal. E incluso cuando tienen el tiempo, el dinero y los recursos para hacer esto por su cuenta, el fiscal casi siempre simplemente archiva el caso de inmediato, alegando falta de pruebas o que ha transcurrido demasiado tiempo para que se inicie una investigación".

Desde una perspectiva estadounidense, donde los fiscales tienden a ser muy agresivos, incluso entusiastas, encontramos esto difícil de creer, pero no sorprendente, por lo que descubrimos en los últimos 3 años de investigación. Sin embargo, le preguntamos a Enrique, dado todo lo que sabemos, aun así, ¿por qué tantos fiscales parecen huir de las pruebas que se les llevan a sus oficinas en estos casos de robo de bebés?

"Bueno, un claro ejemplo de por qué no se hace más lo ilustra mi propio caso. En 1988, ninguna persona adoptada tenía el derecho legal de buscar a sus madres biológicas y recibir registros y documentos del lugar de nacimiento y poder obtener los nombres de sus padres. Pero en 1999, el gobierno cambió esta ley y otorgó este derecho a todos los adoptados.

Entonces, después de que se aprobó esta nueva ley, exigí legalmente que las monjas de donde nací me dieran el nombre de mi madre biológica. Me lo negaron. Presenté una demanda contra ellas porque violaban claramente esta nueva ley. Mi caso fue desestimado en un tiempo récord sin que se me diera ninguna razón. Pero sé la verdadera razón. El presidente de la audiencia es un miembro destacado del Opus Dei. Estas personas son como una secta y tienen un poder tremendo en España y hacen todo lo posible para proteger a la Iglesia Católica y mantener ocultos sus sucios secretos a toda costa. (2)

Tantas adopciones ilegales e indebidas se han realizado en España desde hace décadas y ¿quién se benefició? ¿A quién se le pagó millones de euros? A la Iglesia.

Ha sido una mafia de robo y compra de bebés.

¿A dónde ha ido todo ese dinero? Por supuesto que lo saben. Es por eso que la iglesia en España no se pronuncia como en otras iglesias de otros países con problemas similares como el Reino Unido o Irlanda. Aquí, la iglesia, estrechamente alineada con el Vaticano, no tiene ningún deseo de ayudar a las víctimas. Podrían abrir registros de adopción y dar consuelo, ayuda y la verdad a miles de víctimas y ayudar a miles de familias a encontrarse. Pero se niegan. Porque si lo hicieran, probaría lo que todos ya sabemos, que la iglesia conspiró y trabajó estrechamente con Franco y luego con los médicos, enfermeras y trabajadores sociales para robar bebés, falsificar registros y ocultar estos documentos para mantener su culpabilidad oculta.

No queremos nada de su dinero sucio. Solo queremos la verdad. Yo solo quiero encontrar a mi madre antes de que sea demasiado tarde".

Enrique ha escrito y publicado un libro titulado *Lettere di un bastardo al Papa* (Italia, 2018) (Cartas de un bastardo al Papa), donde le pide al Papa que abra estos registros ocultos y le ruega apasionadamente a él y a la Iglesia Católica que ayuden a no obstaculizar la búsqueda de las víctimas. De hecho, tuvo una breve reunión con el Papa en el 2019 y le dio una copia de su libro personalmente. Hasta la fecha, no ha tenido noticias del Papa ni de ninguno de sus emisarios. (3)

Cuando comenzamos a concluir nuestra larga y muy informativa sesión con Enrique en su residencia en España, él compartió un pensamiento final sobre su búsqueda.

"Antes no era tan abrumador, pero ahora, después de cumplir 50 años, siento que el tiempo se me acaba ... mi madre debe tener al menos 70 a estas alturas y ¿quién sabe cuánto tiempo nos queda para reunirnos?

El tiempo sigue pasando y es cruel pensar que nunca nos encontraremos.

He experimentado algunos días oscuros. Es satisfactorio ayudar a los demás, pero es difícil pensar que pueda morir sin conocer ni abrazar a mi madre.

Todos los casos con los que trabajo son injustos. Pero para mí, es como un cardiólogo que muere de un infarto.

Quizás, algún día mis hijos encuentren a mi familia biológica. Incluso después de mi muerte, la carrera continuará. Simplemente no estaré aquí para sentir ese momento".

Los siguientes son casos de los expedientes de Enrique. Ilustran los métodos ilegales de adopción que prevalecieron durante muchas décadas en España y aquellos que facilitaron tales adopciones "indebidas o ilegales" y se beneficiaron de la desesperación, la pobreza o las circunstancias socialmente difíciles en las que se encontraban las madres jóvenes durante el estricto y moralmente rígido Régimen franquista.

Uno de los desafíos en este tipo de casos es que, si bien la ley permite a los adoptados averiguar el nombre y la identidad de sus padres biológicos, debido a la "inscripción" falsa en el certificado de nacimiento del bebé, al poner los nombres de los padres adoptivos como padres biológicos, puede resultar muy difícil descubrir la verdad. Esto es así, tanto si la ley está del lado de la persona adoptada como si no.

Al compilar este libro, le pedimos a Enrique que compartiera algún caso de sus archivos que tuviera un lugar especial en su corazón. Agradeció la oportunidad de hacerlo. A continuación, y en el capítulo siguiente, hay cuatro casos de este tipo con nombres ligeramente alterados para proteger su privacidad:

135

¿Reunidas? Julia G. y Susan

Julia nació en España, mitad española y mitad anglosajona. Ella había estado buscando a su madre biológica y se había realizado varias pruebas de ADN, incluido el laboratorio con sede en EE. UU., *23andMe*. Brevemente, la siguiente es la sinopsis del caso de Julia, tal como se lo contó ella a Enrique durante su entrevista como cliente y el trabajo realizado en su nombre.

"¿Quién soy?"

"Esta pregunta ha estado en mi mente durante 32 largos años, y me ha causado muchos días y noches, pensando cómo realizar mi búsqueda para encontrar alguna pista.

Todos creemos que sabemos quiénes somos. Sin embargo, en mi caso y por sorpresa, descubrí en mi infancia y tras una discusión de mi familia, que no era hija de mis padres adoptivos. Que los apellidos que había llevado con tanto orgullo no eran los de mi sangre. La sorpresa fue brutal. Un golpe en mi interior, que sacudió mi vida y me hizo tener unas ansias y una necesidad enorme de buscar desesperadamente y descubrir mi verdadera identidad, oculta hasta ese día de mi adolescencia, ya tan lejano.

Yo había nacido en Gerona, España, el 19 de agosto de 1967. Nada más enterarme de la sorprendente noticia, fui al registro civil de dicha ciudad, y constaté que yo era adoptada… en la partida literal de nacimiento, no ponía los datos de mi madre biológica, y constaba claramente los datos de los documentos de mi adopción, por el matrimonio que yo había pensado siempre que era mi familia biológica.

Las preguntas se agolpaban en mi mente. Es difícil explicar la necesidad de saber, de conocer, que tiene un adoptado al ser consciente de su condición, y más como este descubrimiento, como en mi caso, es siendo muy joven.

Desde aquel descubrimiento, comenzó mi búsqueda por la verdad.

En España, el derecho a conocer el origen biológico de los adoptados no fue reconocido hasta 1999. Mis primeros años de indagación fueron en vano. Ni siquiera la ley me apoyaba. Mis padres adoptivos no me contaban nada. Mi padre se negó en rotundo, diciendo que el secreto de mis orígenes se iría a la tumba con él. (4)

Me pregunté, por supuesto, si todo era legal, ¿por qué actuaba de esta manera?

Pude averiguarlo en el hospital donde nací y descubrí que había estado en un orfanato durante unos meses antes de mi adopción. Pero esta nueva información no me había dado ninguna pista sobre la identidad de mi madre biológica.

Las dudas se agolpaban en mi mente ¿fui 'fruto' del amor? ¿de una violación? ¿de una relación sexual fugaz? ¿me entregó mi madre voluntariamente o fue obligada a hacerlo, engañada, tal vez sin saber que su bebé todavía estaba vivo?

Durante mi búsqueda, mi madre adoptiva comenzó a sufrir de demencia senil, por lo que no me ayudaba mucho. Solo me dijo que yo al nacer era muy fea, y que mi madre biológica posiblemente era extranjera (soy rubia de ojos azules y piel muy blanca, algo poco común en España) y esa información me cuadró algo, pero ¿de dónde?

Mi padre adoptivo, una vez que murió mi madre, incluso trató de complicar aún más mi búsqueda, o justificar su paternidad, contándome una ridícula historia en la que yo era su hija biológica, fruto de una relación extraconyugal que él había tenido con una chica belga, al parecer en un viaje. No lo creí en absoluto y a través de la investigación se ha demostrado que era una mentira.

A lo largo de los años busqué en las redes sociales, y traté de llegar a posibles familiares o cualquier persona con información

137

relacionada con mi caso que pudiera ayudarme. Pero fue sobre todo frustrante. En el 2011, como sabéis (Enrique Vila y Antonio Barroso), se interpuso una denuncia colectiva ante la Fiscalía española, que alegaba que durante décadas existía una red muy amplia y expansiva que robaba bebés en España, los vendía tanto dentro como fuera de España. Los registros y documentos de adopción falsificados para encubrir estos delitos existían. Una mafia. Esta noticia, que fue cubierta por los medios de comunicación españoles, solo aumentó mi deseo de seguir buscando, ya que yo podía ser una bebé robada, y por tanto quizás mi madre biológica no quiso entregarme.

Me sumergí aún más en las redes sociales, en las asociaciones de bebés robados, pregunté e investigué sin descanso. Incluso me hice la prueba de ADN con una chica de Valencia, que pensó que podíamos ser hermanas por la coincidencia de fechas, pero el resultado fue negativo.

En el 2018, hice uso de un servicio de mediación que se había puesto en marcha en España para los adoptados que querían encontrar sus raíces, a través de la *Diputación de Aragón*, que a su vez contactó con la *Generalitat de Cataluña*, y aún estoy esperando respuesta.

También contacté con una profesora universitaria de Gerona, que estaba haciendo un estudio sobre los niños robados en dicha provincia, y me facilitó muchos datos concretos, pues ella había tenido acceso a los archivos de la Diputación Provincial de Gerona, de la maternidad y del orfanato. A través de ella pude averiguar que mi madre biológica se llamaba Susan, que era inglesa, y aparentemente había un documento firmado por ella, en el que renunciaba a mí. Sin embargo, había dudas sobre su firma y las circunstancias de la renuncia, pero ¿me había entregado voluntariamente? ¿Era un bebé no deseado? Sentí que el dolor volvía a crecer en mi pecho.

Paralelamente, y también gracias a las redes sociales y a la información de las asociaciones, conocí la existencia del análisis de ADN que realiza la empresa estadounidense *23andMe*, ubicada en California, pero que a través del Internet y el servicio postal, pueden realizar pruebas en todo el mundo. Al parecer, ha sido muy útil para muchas personas conocer sus ancestros y familiares. Entonces, me hice la prueba y esperé los resultados con ansiedad. Cuando llegaron los resultados, descubrí que tenía casi 1.000 familiares en todo el mundo, primos de segundo a quinto grado... la mayoría de ellos muy lejanos y con quienes compartía un grado de parentesco ínfimo... pero algo era algo.

Uno de estos parientes era Chantal M. (Este nombre ha sido modificado para proteger a un civil que no era cliente del Sr. Vila) primo segundo, que también es doctor en genealogía y había trabajado mucho en nuestro árbol genealógico común. A través de él, y con su inestimable ayuda, me fue enviando datos cada vez más concretos de nuestra familia común. Iba 'estirando el hilo genealógico' hasta que encontró a una hermana de mi madre. Me puse muy nerviosa y aún más ansiosa, porque me estaba acercando a lo que siempre había querido descubrir. A través de las redes sociales localicé a esa hermana, y a través de ella descubrí que ¡también tengo dos hermanos! Todos ellos en el Reino Unido. Con más detalles proporcionados por las redes sociales y con la ayuda de Chantal, pude localizar la dirección de mi madre, Susan.

En ese momento, decidí que necesitaba la ayuda de un profesional. No podía conocer a mi madre, después de 51 años desde mi nacimiento, 'a las bravas' (por mi cuenta, sin ayuda)".

En este momento, con base en la información que nos facilitó Enrique, Julia se puso en contacto con la oficina de Enrique Vila. Ella le explicó que había escuchado que él se especializaba en realizar investigaciones y mediaciones de encuentros (reencuentros) para que cada parte sea tratada de manera justa y, con suerte, se evitaría cualquier estrés, ansiedad o incluso conmoción indebida en cualquiera de los involucrados.

En lo que sería análogo a las declaraciones juradas en los Estados Unidos, Julia declaró cómo Enrique le aconsejó cómo manejar mejor el encuentro, para que su madre biológica, a quien nunca había conocido ni de quien conocía ningún detalle, aparte de los conceptos básicos que había compartido en su relación cliente-mediador, no rechazaría el reencuentro ni resentiría esta posible intromisión repentina en su vida. Eso podría despertar viejos recuerdos de vergüenza, explotación e incluso engaño.

Continuamos ahora con las palabras del archivo y las notas del diario de Julia.

"Enrique Vila escribió una carta más formal, explicando los motivos y consecuencias de mi búsqueda y encuentro, tranquilizando a mi madre y haciéndole saber cómo podía relacionarse, al ser él mismo adoptado. A su carta, acompañamos una mía, en la que, de una manera mucho más sentimental, le expresé lo que pensaba, por qué la quería encontrar, y que me moría por abrazarla... la espera desde que le enviamos las cartas era terrible. Sabía que Enrique me había aconsejado que no siguiera adelante sola, pero, aun así, parecía una eternidad. La mediación estaría dirigida por Chantal M., mi pariente lejano y el Sr. Vila, y no podría suceder lo suficientemente pronto para mí.

Un día, desesperada, escribí por Facebook a una de mis cuñadas. Usé el traductor del ordenador, porque mi inglés es muy básico, pero logré transmitir mis ideas principales. Para mi sorpresa, mi cuñada me respondió de inmediato, reaccionó de maravilla y me dijo que se lo creía todo porque (había visto mis fotos en Facebook), y yo era exactamente como su suegra. ¡Es decir, mi madre biológica! Me temblaba todo el cuerpo... mi cuñada me envió una foto de mi madre finalmente, y no pude parar de llorar... efectivamente, el parecido es asombroso.

140

A partir de ahí todo se aceleró. Mi cuñada habló con su marido, mi hermano, y ellos le dieron la noticia de que yo 'había aparecido' a Susan, mi madre biológica.

El primer contacto con ella fue a través de *WhatsApp*. Nunca olvidaré el día en que leí por primera vez las palabras escritas que me dirigió mi madre... que aclaraban tantas cosas sobre mi madre biológica y sobre mí...

[Gracias a la generosidad de Julia G., y con la aprobación de Enrique Vila, a continuación, se muestra el primer texto enviado por Susan a Julia, las primeras palabras que Julia leyó de su madre biológica].

Bueno, tenía 19 años cuando conocí a tu padre (EK), pero pronto salí de esa relación porque naciste sin que él supiera que estaba embarazada. Debo haber estado en negación. Afortunadamente, mis padres estaban de vacaciones cuando yo también estaba de vacaciones con una amiga, pero en una zona diferente. Estaba en Lloret de Mar... Solo estuve 48 horas cuando fui a la clínica contigo. Me llevaron de prisa al hospital del convento, estaba petrificada. Tuve un parto rápido y fácil, pero el representante me preguntó si había alguien con quien pudiera contactar y, afortunadamente, le dije que mis padres también están en España. Pero creo que Stephanie te contó esos detalles. Luego mis padres me llevaron a un lugar diferente para terminar nuestras vacaciones. Regresé a trabajar el lunes siguiente. Nunca volví a hablar con tu padre.

Te tomaron una foto, que se la mostré a tu padre como prueba de tu nacimiento. Rompí con tu padre porque descubrí que estaba casado y tenía hijos. Tal vez, si te hubiera tenido en Inglaterra y él no hubiera estado casado... tal vez, esta hubiera sido una historia muy diferente. Me casé con Mick (el marido de Susan) en 1971 y hemos estado felizmente casados durante 46 años, el septiembre pasado. También me complace que mantuvieran tu

nombre (Julie), ya que significa cabello suave y hermoso o vivaz.
Por las fotos que me enviaron, eres realmente hermosa.

[A continuación se muestra el primer mensaje de la hermana menor de Susan, Stephanie, la tía biológica de Julia, a Julia]

Hola Julia. Soy tu tía Stephanie. La hermana menor de tu madre. Te vi cuando naciste, tan hermosa. Estoy muy feliz de que estés en contacto con mamá, hemos hablado de ti varias veces a lo largo de los años. Siempre has estado en nuestros corazones. Estuve encantada aquí con todas tus novedades. Bendita, eres preciosa. Xx tía Stephanie.

En el seguimiento de este caso y de la parte del caso en la que Enrique Vila pudo desempeñar un importante papel de mediación para ayudar a lo que finalmente fue una reunión en persona, quedaron algunas preguntas.

¿Se trataba simplemente de un caso de embarazo no deseado? ¿El caso de una madre que se avergonzó de una relación adúltera por parte del padre biológico y, en consecuencia, dio su consentimiento informado para una adopción rápida?

¿O hubo más en la historia? Cuando Susan le escribió a Julia en España, se preguntaba, si esto hubiera sucedido en Inglaterra en la década de 1960 y no en la España de Franco, tal vez las cosas hubieran sido diferentes.

Conversamos estas cuestiones con Enrique y, en base a su conocimiento y a las investigaciones de que realizamos por nuestra cuenta, podemos compartir lo siguiente:

Primero, de Enrique:

"Es fácil ver cómo Susan, la madre biológica de Julia, fue víctima de la moral represiva de esos años. Un embarazo no deseado, con un hombre mayor, que también estaba casado. Si Susan hubiera recibido ayuda y comprensión, podría haber podido quedarse con su bebé Julia. Pero en la España de 1967, había fuerzas muy poderosas, la iglesia, el gobierno y quienes se

142

beneficiaban de las adopciones ilegales o falsificadas, y a menudo coaccionaba, presionaba e incluso amenazaba a madres jóvenes y solteras como Susan para que renunciaran a su bebé voluntariamente o eran engañadas para dar al bebé en adopción. En este caso, los padres adoptivos, al parecer, en su mayoría el padre, no querían que su hija adoptiva se enterara nunca de la verdad y, claramente, adoptaron al bebé con documentos falsos en un método acelerado e inadecuado, si no totalmente, ilegal.

Es posible que nunca sepamos cuánto dinero se pagó ni a quién o qué papel jugó en este caso la poderosa red de la mafia de bebés en España. Pero de nuevo, la España de 1967, era un país donde era muy fácil dejar a un niño para ser adoptado, casi premiaba esta decisión, porque de inmediato el bebé entraba en las redes de venta ilegal y acelerada de bebés que imperaban en nuestro país.

Por eso los padres adoptivos de Julia nunca quisieron decirle la verdad sobre su nacimiento. Es por eso por lo que su padre incluso inventó la absurda historia falsa de que ella era su hija biológica de su relación con una mujer belga no identificada e inexistente".

En segundo lugar, aquí hay una actualización reciente de nuestra investigación que todos pueden encontrar interesante:

Julia y Susan finalmente se conocieron en persona en Inglaterra muy recientemente. De hecho, Julia estaba emocionada de poder compartir una foto de ella y su madre biológica juntas en las redes sociales en octubre de 2019. Y, es evidente, su parecido físico es realmente asombroso. No por casualidad, ambas están radiantes.

Como señaló Enrique, continúan agradecidas a él y a todos los que les ayudaron a reunirse, y envían su cariño a España "desde el otro lado del charco".

Capítulo 6
María y Ana, de Oviedo a LA
Ted, de Madrid a Oklahoma

A continuación, se muestran dos casos más de los archivos de Enrique Vila. En ambos casos, el Sr. Vila desempeñó el papel de intermediario ayudando a los clientes a completar la búsqueda de su madre biológica y ayudó a facilitar lo que eventualmente se convertiría en una reunión física. El caso a continuación involucra a una madre y su hija, y el siguiente caso es de un hijo adulto cuya búsqueda de su madre biológica lo lleva a una noticia inesperada.

Si bien ninguno de los dos casos implica un acto claro de robo, ayuda a ilustrar cómo el fraude y el engaño en el lugar del parto por parte del hospital, las monjas, las enfermeras y los médicos involucrados en el proceso hacen que sea casi tan difícil encontrar como si el bebé fuera realmente robado. Ambos casos también continúan destacando la especialización de Enrique Vila en su trabajo con las víctimas que contribuye a propiciar un reencuentro mediado y armónico cuando tal posibilidad existe.

El Caso de María y Ana: Un viaje secreto desde Oviedo, España a Los Ángeles, California

María VG (apellido abreviado para mantener la confidencialidad del cliente) era una mujer española, que vivía en un pequeño pueblo de la provincia de Oviedo, en España. Lo que sabemos ahora es que nació en 1946, justo después del fin de la Segunda Guerra Mundial. Creció y se convirtió en una joven adulta en la España de los años 60, que todavía estaba bajo el régimen represivo y dictatorial de Franco. Este régimen fascista alineado con el pensamiento ultraconservador de la Iglesia católica fomentó e impuso a la sociedad española una moral rígida. Como hemos visto en casos anteriores en este libro, en la práctica esto frecuentemente significaba que se ejercía una gran coerción y presión sobre las madres jóvenes solteras para que entregaran a sus bebés como una forma de "purgar" su vergüenza por haber cometido un delito, el pecado de quedar embarazada fuera de los lazos del Santo Matrimonio. Y la mayoría de las veces, cuando la presión, la coerción y las amenazas directas no lograban el objetivo deseado, entonces, como hemos visto en tantos casos, simplemente se robaban los bebés y la madre era engañada al pensar que su bebé había muerto durante el parto o poco después del nacimiento.

Por supuesto, estos estándares moralmente rígidos e implacables no se aplicaron por igual. Los hombres, incluso los que estaban casados, si tenían una relación adúltera, no eran avergonzados o "marcados" de pecadores como su pareja femenina. Esto era así, incluso si la otra mujer era mucho más joven o incluso una menor. La mujer que "permitía" haberse quedado embarazada era "marcada" (1) de por vida y se le daba solamente una opción, poner al bebé, producto de su propia lujuria pecaminosa, en adopción. Si se negaba, pagaba un alto precio, de una forma u otra.

Cuando María tenía tan solo 17 años, se encontró en una posición delicada y socialmente inaceptable. Comenzó a salir con un hombre que luego descubriría que estaba casado. En 1965, cuando apenas cumplía 20 años, se enteró de que estaba embarazada. Pronto fue condenada al ostracismo por su familia, y su pareja, Pedro, la abandonó al enterarse de la noticia del embarazo. Abandonada por casi todos los que conocía, recurrió a una amiga, Magdalena, quien la acompañó a un *Patronato de Protección*, que, como comentamos en el Capítulo 1, a menudo disfrazaba sus verdaderas intenciones en la retórica del servicio desinteresado y protección de jóvenes solteras, mujeres que no tenían otro lugar a donde acudir, como María. La realidad era a menudo mucho más oscura y egoísta de lo que nadie imaginaba en ese momento. (2)

En este *Patronato*, María recuerda haber dejado claro que quería quedarse con su bebé sin importar nada. Sin embargo, pronto las cosas estuvieron fuera de sus manos. Se falsificaron documentos, se registró el nombre de la madre biológica (María) como "desconocida" y se inscribió el nacimiento de su hija, Ana, como "parto anónimo". El bebé y el nacimiento fueron inscritos en el registro civil como abandonada de "padres desconocidos". En resumen, la red y su proceso de presión, coacción e incluso amenazas estaban en marcha. Aunque a María, a diferencia de otros casos, no le dijeron que su bebé había muerto, recuerda haber sentido tanta presión y no tener voz, mientras que los que estaban en el poder, las monjas *Hijas de la Caridad* del *Patronato*, el médico, y enfermeras, se dispusieron rápida y eficazmente a librar a María y a la sociedad de este bebé "vergonzoso". Pronto, el bebé fue adoptado por una pareja en Zaragoza, España, que hizo una gran "donación" a las *Hijas de la Caridad* y María regresó a la casa de sus padres para vivir con lo que había hecho.

María también recuerda haber querido presentar un informe policial y una denuncia por ser engañada y coaccionada, y por no habérsele informado sus plenos derechos como madre. Pero muchos a los que conocía, incluidas las monjas, le decían que era joven, que lo olvidara, y que ya tendría más hijos.

Abatida, y en ese momento con pensamientos de suicidio, María recuerda haber sentido tanta vergüenza y estar tan "marcada" en la sociedad española, que no pudo soportarlo. Tres años después del nacimiento de su bebé, dejó España para comenzar una nueva vida en Venezuela. Con el tiempo, conoció a otra persona con la que se casó y tuvieron un hijo juntos. Pasaron los años y su hijo se convirtió en adulto, su esposo falleció y ella y su hijo finalmente se mudaron a California. María se convirtió en ciudadana de Estados Unidos.

En el 2012, poco después de que se interpusiera la demanda colectiva en nombre de más de 260 bebés robados y los medios de comunicación españoles comenzaran a dedicar atención a algunos de los casos más destacados, su hija Ana, ahora también adulta, comenzó a buscar a su madre biológica, María. Se puso en contacto con Enrique Vila para que la ayudara en su búsqueda. Aunque había logrado mucho por su cuenta, Enrique, junto con un detective privado que a menudo trabaja con él, Octavio Morellá, pudieron ayudar a Ana a juntar las piezas finales. Confirmando que efectivamente nació en el *Patronato* regentado por las *Hijas de la Caridad* en Oviedo en mayo de 1966, rastrearon el nombre de su madre biológica. Este último requirió una extensa investigación ya que el nombre y la identidad fueron "enterrados" bajo "anónimos" en los registros civiles de la Diputación de Asturias. Al hacer coincidir las fechas, los años y los nacimientos y mediante el proceso de eliminación, se descubrió el nombre completo de su madre biológica. Luego vino una parte igualmente difícil, localizar dónde vivía ahora, si es que seguía viva. En el 2012, María tenía 66 años, así que Enrique y Ana se mostraron cautelosamente optimistas de que estaría viva y bien, y solo necesitaba que la encontraran.

Lo que ocurrió a continuación, en palabras de Enrique Vila:

"Bueno, según los registros, sabíamos que ella (María) era originaria de un pequeño pueblo de Asturias cerca de Gijón. Sin embargo, no había ni rastro de ella en España. Seguimos algunas pistas, pero pronto resultaron falsas. ¿Dónde estaba la madre de mi cliente? Localizamos a algunos de sus hermanos, mayores que ella, y ninguno de ellos quiso darnos información sobre su hermana, ¡y menos a un extraño (yo) que dijo que la estaba buscando porque tenía una hija perdida hace mucho tiempo!

Pasamos mucho tiempo con su familia, pero no nos dijeron nada. Ni siquiera dijeron que conocían la historia de su embarazo y la adopción. Obviamente, aunque los hermanos eran algo mayores que María, eran demasiado jóvenes cuando ocurrieron los hechos para saber algo, y los adultos habían guardado absoluto silencio o les habían hecho prometer a los hermanos que nunca revelarían la verdad.

Insistiendo mucho pudimos descubrir que María vivía en el oeste de los Estados Unidos, posiblemente en California. Nada más. Buscamos allí y aparecieron varias personas con los apellidos "VG". Eran apellidos españoles, lo cual era prometedor, pero en California hay una gran comunidad hispana, por lo que los nombres no eran tan raros como uno podría imaginar. Después de más investigación, encontramos un puñado de mujeres, pero al indagar un poco más, ninguna de estas con el apellido "VG" era una mujer española de unos 66 años. Pudimos hablar con algunos ciudadanos de San Francisco y San Diego que tenían su mismo apellido con la esperanza de encontrar un pariente, pero eso tampoco funcionó.

Solo sabíamos que María VG estaba en California, eso fue confirmado por todos sus familiares españoles, y que casi nunca viajaba a España. O no podía permitirse el lujo de viajar o quizás no deseaba regresar a su lugar de nacimiento. Comencé a sospechar que podía haber una historia dolorosa que se mantuvo oculta durante años. Y, quizás, la verdadera razón detrás de su marcha a los Estados Unidos.

Después de varios intentos y negociaciones, y una "mentira" bien intencionada a una de sus hermanas, obtuvimos la dirección de María. Aparentemente, vivía en North Hollywood, Los Ángeles.

A los pocos días, tan pronto como lo permitió mi agenda, viajé a los Estados Unidos para realizar la búsqueda y la mediación.

148

Esta parte del proceso siempre es emocionante y un poco estresante. Decirle a un extraño, que su hija la está esperando, que quiere conocerla en persona, puede ser devastador e incluso traumático para la madre, dependiendo de las circunstancias por las que el bebé fue puesto en adopción o incluso robado. De cualquier manera, es una situación delicada con riesgo. Además, estas noticias tan importantes deben darse siempre en persona, esa es mi política.

Después de un agotador viaje de 13 horas a Los Ángeles, finalmente me encontraba allí, agotado, pero todavía emocionado de desempeñar mi papel en esta posible reunión. Me dirigí a la dirección que nos habían dado. Fue la única pista. North Hollywood es un vecindario compuesto principalmente por bloques residenciales simples de dos pisos, caminos rectangulares, llenos de galerías de arte y estudios de sonido. También es un barrio con una población considerable de residentes de origen hispano, muchos de ellos de México. (3)

Pasé casi dos días enteros dentro del coche Toyota que había alquilado, vigilando la casa de María. Evidentemente, parecía cerrada. Volví a llamar a sus familiares de España y me hice pasar por un escritor (ahí no mentí), amigo del abuelo de la familia (cuya identidad había conocido previamente en mi investigación), que quería entregar un regalo en persona a María, y que se encontraba en Los Ángeles para otros eventos. Debo ser convincente ya que una de las hermanas me dio el número del teléfono móvil de María. Pronto llamé y finalmente escuché la voz de la madre de mi cliente. Mantuve la mentira piadosa y establecimos un día y una hora en que podía entregar el regalo en persona. No tenía mucho tiempo, porque no podía quedarme en los Estados Unidos por muchos días, y necesitaba conocerla pronto y darle la noticia explosiva".

Aquí, como nos aclaró Enrique, las cosas casi se pierden para siempre.

"Me dijo que dejara el regalo en Los Ángeles, que lo recogería, porque en ese momento estaba con su hijo en San José, un pueblo cerca de San Francisco, a casi 380 millas de Los Ángeles. No podía ser. Estaba tan cerca, pero tan lejos. Ni siquiera estaba en Los Ángeles. Finalmente pude conseguir que al menos me diera la dirección de su hijo para que pudiera enviar el regalo allí porque ella estaba visitando a su hijo y no podía recibir a nadie y además no quería hacerme hacer un viaje tan largo.

Por supuesto, no podía detenerme ahora, no cuando estaba tan cerca en nombre de Ana. Crucé el desierto de California con mi Toyota alquilado y llegué a San José exhausto. Busqué la dirección que me había dado María y esperé pacientemente en el coche. Más tarde, llamé a la puerta manteniendo mi papel de escritor amigo de la familia, pero no había nadie. El avión salía al día siguiente de LAX, y no quería retrasos, porque en España también me esperaban algunos asuntos muy urgentes. ¿Dónde podría estar María? La estuve esperando más de medio día, le pregunté a algunos vecinos y nadie sabía nada. Tal vez, estaba de viaje durante varios días con su hijo americano. Empecé a tener dudas de si esto iba a suceder alguna vez.

Cuando anochecía, casi me iba a rendir. Llamé por última vez y escuché un ruido en la casa, pero nadie abrió. Quizás, pensé, la mujer había sospechado de mis verdaderas intenciones y nunca me recibiría. Cuando regresé al coche que estaba aparcado en la acera de enfrente de la casa del hijo, finalmente se abrió la puerta y apareció María. Era una mujer de aspecto jovial, pelo rubio, y gafas. Me acerqué a ella, le saludé y ella pareció encantada de recibir una visita de un español.

'Querida señora- le dije- le he mentido un poco, soy escritor, le voy a dar unos libros (le tendí un par de mis obras), pero estoy aquí por algo más, ¿no se imagina quién puede venir de España a buscarla?"

La cara de la mujer cambió. Cuarenta y seis largos años en silencio. La miré a los ojos y vi un brillo muy especial. Se apoyó en mí, me apartó aún más lejos de la puerta y me pidió discreción. Estaba emocionada ¡claro que supo de parte de quién venía! Tanto tiempo esperando y ahí estaba yo, con la noticia de que su hija la buscaba. Las preguntas y las emociones se agolparon, yo mismo estaba entusiasmado y entendía esos sentimientos, al estar yo también buscando a mi madre biológica.

Le conté a María todo lo que pude, pero dejé casi toda la historia para que la contara Ana, su hija. Le entregué una carta manuscrita suya que traía desde España, muy emotiva. Era un adelanto de lo que vendría después. María se mostró muy amable, se disculpó y se sintió algo avergonzada por no invitarme a entrar. Pero, como ella se apresuró a explicar, 'él no sabe nada de mi hija, su hermana española'. Yo respeté sus deseos, pero salí contento, confiado de que un verdadero reencuentro entre madre e hija después de tantos años estaba en pleno movimiento.

Y esa moción, ese progreso condujo a una reunión en persona. De hecho, se han podido visitar varias veces, aunque el tiempo, la distancia y el coste (viajar de Zaragoza a Los Ángeles) limitan sus visitas. Sin embargo, me han puesto al día y me han informado que hablan a menudo, se escriben, hacen videoconferencias y ambas sienten que todavía les queda mucho por hablar, compartir, y muchos abrazos por darse.

Ambas son felices. María encontró a la hija a la que nunca quiso dar, pero sintió que no tenía otra opción. Ana encontró su verdadero origen. Espero que tengan tiempo suficiente para recuperar lo perdido. Ahora tienen más que muchos otros menos afortunados".

El Misterioso Caso de Ted M., de Oklahoma, USA vía Madrid, España.

Si bien este caso aún no está completamente resuelto, a continuación, se muestra lo que ahora sabemos, mediante las notas del caso de Enrique, sus recuerdos y nuestra investigación conjunta. La siguiente es la narración de Enrique sobre la historia de Ted a menos que se indique lo contrario:

"**Ted** nació en 1962 en el Hospital Santa Cristina de Madrid, de madre española. Casi inmediatamente después del nacimiento, fue adoptado por una pareja estadounidense que residía en España, trabajando en una de las bases militares americanas en Madrid. Como resultado de un acuerdo formal entre España y Estados Unidos tras la Segunda Guerra Mundial (Pacto de Madrid de 1953), hubo una presencia significativa de estadounidenses en Madrid, así como en otras partes de España de forma permanente. (4)

Muchas familias estadounidenses crearon fuertes lazos con España y el pueblo español como resultado de esta proximidad y esta alianza de amistad entre las dos naciones. En el caso de los padres de Ted, podría decirse que no solo se beneficiaron de este Pacto, sino que cuando se trataba de adoptar un bebé, ciertamente se beneficiaron de la red ilegal de venta de bebés que prevalecía en España en ese momento.

Los padres adoptivos de Ted descubrieron que no podían tener hijos de forma natural. Preguntaron por las posibilidades de adopción y pronto se conectaron con la red, la mafia de bebés, en España. Descubrieron que no costaría tanto, obviamente era mucho más rápido hacerlo así que a través de cualquier proceso legal normal y no se hacían preguntas. Sin embargo, por lo que sabemos, estos estadounidenses dudaban de este proceso. Querían hacer las cosas adecuadas y legales. No querían "comprar" un bebé. Sin embargo, estaban ansiosos por ser padres. Preguntaron

152

en la Embajada de Estados Unidos en Madrid, y allí les conectaron con un abogado que ayudaba en la labor consular en el Estado español. Este letrado les recondujo a su vez a otro abogado muy conocido en la capital, que se encargaba del tema de las adopciones, y que intervenía en muchas de las maternidades de Madrid y en las adopciones de estos hospitales.

Según los registros, notas y testimonios recuperados, los futuros padres adoptivos de Ted se reunieron con este abogado de adopciones en Madrid y le dijeron que querían, en la medida de lo posible, que la adopción se manejara legalmente. Les aseguró que, en ese momento en España, la adopción era algo así como un proceso "a la carta", y todo era lícito. También les informó que se esperaba, incluso se requería, que hicieran una "donación" significativa a una institución como las *Hijas de la Caridad*. Les aseguró que, si se hacía tal donación, el proceso (para adoptar) se aceleraría. En definitiva, parece que se hizo una donación, de hecho, a las *Hijas de la Caridad* de Madrid y, según les dijeron, iría a parar a la madre biológica, soltera y de humildes medios. Los estadounidenses entraron en el juego, porque querían ser padres y este abogado, en quien confiaban, les aseguró que todo iba a ser legal.

Por lo tanto, es al menos concebible que, en este caso, los padres adoptivos realmente ignoraban que pronto estarían 'hundidos hasta las rodillas' en el engranaje de esta mafia, la red de robo y compra de bebés en España. Muchos años después, en retrospectiva, se ha descubierto mucho sobre esta red y cómo operaba, pero en ese momento (década de los años 60), especialmente para los extranjeros que no estaban familiarizados con el verdadero sistema de adopción de España, lo más probable es que pareciera, si no típico, ciertamente 'normal' para España.

Lamentablemente, sin embargo, lo normal para España en este momento era un sistema altamente corrupto, egoísta y

153

engañoso en funcionamiento. En este caso, Sor María Gómez Valbuena, *Hija de la Caridad*, sería la primera religiosa en ser acusada de cargos criminales de robo de bebés que abarcan varias décadas, fue uno de los principales operativos. Ella era jefa en el hospital de Santa Cristina donde nació Ted y, según todos los informes, coordinó la adopción ilegal de Ted a sus padres adoptivos quienes luego dejaron su trabajo en la base militar estadounidense y regresaron a los Estados Unidos para criar a su bebé en el Estado de Oklahoma. Además, lamentablemente, antes de que Gómez Valbuena se viera obligada a responder por sus numerosos presuntos delitos en un tribunal de justicia, murió pocos días después de su acusación inicial. Sigue habiendo un creciente contingente de españoles que se niegan a creer que ella realmente murió, citando su incineración inmediata, vista como un pecado en la Iglesia Católica, como evidencia de que su muerte fue simplemente un engaño, una tapadera, para sacarla de España, lejos del foco inquisitivo.

Independientemente de las circunstancias que rodearon su muerte, cuando estaba viva, era, como muchos de sus compañeras de trabajo, personal y compañeras monjas han atestiguado, una figura autoritaria y rígida".

Complementando las notas y recuerdos de Enrique están las siguientes notas de artículos y fuentes españolas:

Respecto a Sor María, Montse S., asistente del Hospital Santa Cristina, la recuerda como "aparentemente conociendo a todos, siempre en contacto con todos y todas las personas involucradas en la adopción de bebés". Las compañeras monjas que pidieron permanecer en el anonimato también agregaron que Sor María revisaba constantemente los formularios de ingreso al hospital, en busca de madres jóvenes, solteras y embarazadas. Ella las asaltaba, sabiendo que eran las más vulnerables, compartió una monja que asegura haber trabajado con Gómez Valbuena durante más de dos décadas.

Mila G., una comadrona que estudió y trabajó durante un tiempo en el Hospital de Santa Cristina, recuerda que Sor María estaba "obsesionada con encontrar mujeres solteras y embarazadas", y a menudo le decía al personal que "estuviera atento a las madres jóvenes y solteras," preguntándonos, "¿qué van a hacer estas mujeres con estos bebés de todos modos? No saben nada. Es mejor si los dan en adopción".

Según Mila, después de identificar a las madres jóvenes que parecían más vulnerables y tenían el mayor potencial para entregar a sus bebés, ella (Sor María) comenzaba a presionar y generar dudas en la mente de estas chicas ya asustadas y vulnerables, haciendo esto a diario, sin parar hasta que se rendían. Ella hacía preguntas inquisitivas como "¿Has pensado que este niño podría tener un buen futuro si le permites irse con una buena familia? pero ¿qué futuro podría tener este niño contigo, una madre soltera, pobre sin recursos?" Ella jugaba con sus miedos con declaraciones como: "Ves que nadie está aquí contigo, estás sola, ¿cómo puedes cuidar a tu bebé? No seas egoísta y tonta, entrégalo para que tenga una oportunidad en la vida."

"Como una araña, iba tejiendo su tela", explica Mila. "A estas madres les lavaron el cerebro para que cuando llegara el parto, estas dudas ya estaban sembradas, junto con las drogas que les daban y que dificultaban claramente el razonamiento y el pensamiento, por lo que al final, muchas estaban de acuerdo y firmaban el consentimiento para dar a sus hijos". Ella y otros compañeros de trabajo han compartido desde entonces que, si bien muchas pronto lamentaban su decisión y pedían, e incluso suplicaban ver y tener a su bebé antes de que se formalizara la adopción, Gómez Valbuena simplemente les informaba que ya habían firmado los papeles y era demasiado tarde, y que dejaran de llorar y quejarse como colegialas tontas.

Ignacia M. aún guarda dolorosos recuerdos de lo que vio cuando trabajaba en Santa Cristina bajo la dirección de Sor Gómez Valbuena. "He visto llorar a muchas mujeres. Y patalear, gritar e incluso golpear sus camas, suplicando ver a sus bebés recién nacidos. Las monjas y las enfermeras les decían a estas madres que su bebé había muerto". Ignacia continúa: "Sor María había entrenado bien a su personal y se negaban a decirle a estas madres lo que realmente había sucedido, que sus bebés se los habían llevado gente con dinero que compraban estos bebés por encargo". (5)

Además de los expedientes de casos como los de Enrique, artículos como los citados anteriormente, así como nuestra investigación, también podemos compartir que en toda España muchas de estas "adopciones por encargo" no eran baratas. A los padres adoptivos se les cobraba entre 50.000 y 1.000.000 pesetas (entre unos 350 y 7.000 dólares estadounidenses). Teniendo en cuenta la inflación, esto se calcularía entre $2,800 y $22,000. Este no era un juego abierto a cualquiera. Valbuena les decía a las parejas que buscaban bebés que estas "donaciones" eran para cubrir los costos del cuidado de la madre. Sin embargo, estos hospitales estaban subsidiados por el gobierno y apoyados por la iglesia con fondos gubernamentales. Los testimonios ahora públicos tanto de los trabajadores como de las madres de toda España también dejan en claro que se gastaba lo mínimo en el cuidado de estas jóvenes madres y que les daban de alta casi inmediatamente después del parto, incluso cuando aún necesitaban atención médica para recuperarse adecuadamente.

Mari S., que también trabajaba a las órdenes de Sor Gómez Valbuena, recuerda un momento en el que vio en la oficina de la monja por descuido, esta vez había dejado la puerta entreabierta al encontrarse con una pareja que quería un bebé, y "había un montón de dinero sobre el escritorio, unas 250.000 pesetas y Sor María les decía que 'uno' estaba casi listo y que por un poco más quizás incluso podría acelerar el traslado del bebé". (6)

Esta era la red de compra de bebés en España en el momento en que los padres adoptivos de Ted buscaban adoptar un bebé y, más específicamente, esta era la operación de compra de bebés en curso en Santa Cristina bajo la dirección de Sor Gómez Valbuena.

Como señala Enrique, por razones que pronto se harán evidentes, no puede decir con certeza si los padres de Ted sabían lo que era o no legal en España en ese momento, ni la verdadera intención de la madre biológica de Ted, si ella por su propia voluntad con una mente clara dio a su bebé en adopción. Podemos concluir sin ninguna duda, que los padres adoptivos de Ted le pagaron una suma de dinero a Sor María. Como dejan claro los documentos públicos, las declaraciones juradas y los testimonios recogidos en preparación del juicio de Sor Gómez Valbuena (que nunca sucedió debido a su muerte), imaginar que una adopción de este tipo pudiera ocurrir en Santa Cristina sin que se le hiciera un pago directo, es simplemente participar en una fantasía infundada. En resumen, ella encabezaba la operación. (7)

[Continúa la narración de Enrique] "En cuanto a Ted M., bueno, creció como la mayoría de los niños en los Estados Unidos. Fue a la escuela, jugó con amigos, disfrutó de los deportes y tan pronto como tuvo la edad suficiente para entenderlo, se le informó de su estado de adopción. Sus padres no hicieron ningún esfuerzo por ocultarle esta realidad. Al igual que muchos niños adoptados, una vez que se les dice o descubren este estado, especialmente cuando son adultos, sienten curiosidad y, a menudo, quieren saber más sobre sus padres biológicos y parientes consanguíneos. Ted no fue diferente. También quería saber más sobre su ascendencia original. Aunque fue criado como estadounidense, también sabía que fue adoptado cuando era un bebé en España y quería saber más sobre sus genes europeos.

Ya adulto, se puso en contacto con una estudiante de posgrado que conocía y que estaba haciendo una tesis sobre adopciones ilegales en España, Marta T., y ella, a su vez, le recomendó a Ted que se pusiera en contacto conmigo con la esperanza de que yo pudiera ayudar a localizar a su madre y ayudarle a facilitar una reunión. Ted M. me escribió un correo electrónico solicitando mi ayuda y contándome lo que sabía o había podido confirmar a través de su propia búsqueda. Me envió la documentación de su nacimiento, y descubrí que en ella estaba falsificado el nombre de su madre biológica, una malagueña que le había dado a luz en 1962 en Madrid, y como se ha explicado anteriormente, se trataba de algo bastante común en muchos de estos casos.

Pudimos comprobar que los apellidos españoles eran reales y comunes en la zona de Andalucía. Nos pusimos en contacto con nuestros detectives y pudimos ampliar el alcance de la búsqueda para incluir posibles familiares. Pronto descubrimos a varios de los sobrinos de Ted. Estábamos optimistas de que pronto podríamos localizar a la madre biológica de Ted.

Pero lamentablemente, basándonos en la información que pudimos obtener de los documentos de familiares relacionados, confirmamos que su madre biológica, Josefa C. R., que nació en 1925, había fallecido pocos años antes de que comenzáramos nuestra búsqueda. Sin embargo, pudimos identificar a un familiar sobreviviente. Josefa tuvo una hija, María José, que nació unos años antes que Ted. En el caso de María José, Josefa, su madre, había registrado a este bebé con su apellido exclusivamente, no se proporcionó ni se registró el nombre del padre biológico en el certificado de nacimiento. Los sobrinos que pudimos localizar eran los hijos de la hermana biológica de Ted, María José.

Las primeras palabras que recibí de un familiar de Ted fueron de Lourdes, la sobrina de Ted (hija de María José, hermana de Ted), y ella confirmó toda mi información. También me dijo que le había mostrado una foto de Ted a su madre (María José) y le dijo muy emocionada, que mi cliente (Ted) tenía todos los rasgos de la madre biológica (Josefa) que había fallecido unos pocos años antes.

Unas semanas después de encontrar a su familia, Ted viajó con su esposa desde Estados Unidos a Madrid y pudo abrazar a su familia biológica. Tras el torrente de emociones, todos comenzamos a especular sobre la verdad de su nacimiento. Nadie dice saber demasiado porque, aunque sabían del nacimiento de Ted, su madre se llevó las circunstancias reales a la tumba.

Pero según la información de Ted, la investigación que hicimos y lo que las sobrinas y sobrinos de Ted pudieron confirmarnos, sabemos esto:

Que su madre biológica, Josefa, trabajaba en Madrid y era una madre joven y soltera con una hija de 4 años en el momento del nacimiento de Ted. Ya era una mujer "marcada" en la sociedad española ultraconservadora y católica. Ella también, como hemos examinado, dio a luz en el hospital de Santa Cristina a cargo de Sor María Gómez Valbuena, una de las figuras supuestamente más corruptas y notorias del robo y venta de bebés de toda España. Las acusaciones de sus crímenes y el lapso en el que supuestamente ocurrieron rivalizan incluso los del Dr. Vela.

Es concebible concluir que Josefa, que ya había mostrado coraje y devoción por su primer hijo cuando era joven y madre soltera, fue coaccionada o engañada para que renunciara a Ted cuando nació, y que los padres adoptivos de Ted pagaron por una adopción rápida e inadecuada, a sabiendas o no.

¿Por qué Josefa habría renunciado voluntariamente a Ted al nacer, su primogénito varón, y elegir no volver a verlo nunca más?

159

Nunca lo sabremos.

Aún más lamentable es que tampoco lo sabrá su hijo.

En el siguiente capítulo (Capítulo 7) profundizaremos aún más en este tema del robo de bebés con la ayuda de varios expertos de renombre.

Capítulo 7
Los expertos hablan

Al realizar las entrevistas con víctimas de robo de bebés, que se remontan al 2015, y luego todas las entrevistas en cámara que realizamos durante 2018 y 2019, varias cosas saltaron a la vista. Era imposible no darse cuenta de la similitud de las historias compartidas por tantas de las víctimas sin importar a quién entrevistamos o dónde filmamos. Nos daban escalofríos cuando oíamos a las víctimas decirnos cómo los médicos, enfermeras o monjas les decían "Olvídate de tu bebé. Eres joven. Puedes tener más. Para de llorar."

Como hemos señalado antes, era como si hubiera algún tipo de manual que todos los involucrados en estos delitos compartieran y cada uno memorizara sus líneas y nunca se apartara del guion establecido. Esta mafia, como la llama Enrique y muchos otros con los que hablamos, realizaba estos robos de una forma inquietantemente similar, sin importar el lugar dónde ocurrieran.

Si bien aquellos con los que hablamos fueron increíblemente abiertos y comprometidos a pesar de su pérdida y sufrimiento, tuvimos experiencias completamente opuestas cuando intentamos hablar con aquellos que ocupan puestos de responsabilidad y autoridad en España y que, al menos en teoría, se supone que están buscando la verdad. Por ejemplo, a pesar de que contactamos con fiscales de toda España, nadie quiso reunirse con nosotros ni fuera ni delante de las cámaras. En un caso, a través de un contacto personal en España, pudimos enviar algunas preguntas por escrito a un fiscal que se ocupaba del proceso de por qué y cuándo se cierran los casos que se presentan sobre bebés robados. Pero incluso en esta ocasión, chocamos con un muro de silencio.

Consulte nuestra página web, nos dijeron. Lo hicimos. No tenía nada que ver con ninguna de nuestras preguntas. Hicimos un seguimiento y volvimos a preguntar, por teléfono, correo electrónico y en persona. Dejen el asunto, nos dijeron, sólo se van a meter en problemas.

Una vez estábamos parados en una calle pública de Madrid filmando una toma exterior de una famosa clínica administrada por una iglesia donde se habían producido varios presuntos casos de bebés robados. Era mediodía y, por lo que sabían, podríamos haber sido turistas típicos. Sin embargo, una mujer salió del interior de la clínica y nos acosó en la calle. ¿Cómo nos atrevemos a filmarlos?, nos preguntó enojada. No teníamos derecho a hacer esto y, a menos que nos fuéramos, llamaría a la policía. Le dijimos que no estábamos haciendo nada ilegal, simplemente parados en una calle pública filmando el exterior de un edificio. Ella nos maldijo. No nos fuimos, seguimos filmando, y nunca vimos venir a ningún policía. Pero la lección fue clara, al menos para nosotros, los culpables tienen mucho más que esconder que los inocentes. (1)

En otra ocasión, estábamos en un cementerio de Alicante un domingo. Estábamos filmando algunas tomas exteriores y luego algunos primeros planos de una fosa común y lápidas que honraban a los soldados caídos de la Guerra Civil Española. Una vez más, fuimos acosados. Esta vez por un trabajador que se bajó de su camioneta y nos gritó que guardáramos nuestras cámaras y que estaba prohibido. Estábamos infringiendo una ley nacional, dijo, tomando fotografías o filmando en un cementerio. Nunca habíamos oído hablar de una ley así. ¿Qué pasaría si quisiéramos tomar fotografías de una lápida o tumba familiar, entonces qué, iba a hacer que nos arrestaran por eso? Nuevamente, nos amenazaron con una acción policial. Nosotros nos quedamos allí, él se fue y no llegó ningún policía para detenernos por el supuesto delito de tomar fotografías o filmar en un cementerio público. (2) Por supuesto, no existe tal ley, al menos no que nosotros sepamos. Pero volvió a poner en evidencia el estado continuo de paranoia que muchos todavía tienen en España cuando se trata del pasado y de que alguien haga público ese pasado.

En el *Valle de los Caídos*, un impresionante e increíble monumento construido por el trabajo forzado de exsoldados republicanos para honrar a Franco y a la iglesia, vimos cómo todos los días colocaban flores frescas en la lápida del dictador Franco y del líder fascista José Antonio Primo de Rivera dentro de esta masiva exhibición pública. También vimos a un guardia amonestar a unos escolares por estar demasiado cerca o casi pisando la lápida de Franco. El guardia nos dijo que ya no hay respeto por los grandes líderes en España y señaló el agua que goteaba por las grietas del techo, y que el Gobierno ya no proporciona el dinero para arreglar o incluso mantener adecuadamente este monumento. Es, nos dijo, una verdadera tragedia y una señal de lo bajo que ha caído España a lo largo de los años y de la falta de respeto por el liderazgo que ahora prevalece. (3)

Para comprender mejor esta mentalidad continua de secretismo e incluso paranoia sobre el pasado y para conocer lo que debe suceder a continuación para que las víctimas logren justicia, hablamos con **Carmen del Mazo**, una exmonja de las Hijas de la Caridad que trabajó en el notorio Hospital de Santa Cristina (O'Donnell) de Madrid, **María José Esteso**, periodista de investigación y escritora, **Francisco González de Tena**, afamado sociólogo y autor y **Pablo Rosser**, historiador que trabaja en la sección de memoria histórica y patrimonio cultural de la ciudad. de Alicante.

Nos encontramos con Carmen del Mazo, con bastante acierto, frente a una iglesia en Madrid. Carmen es una exmonja que trabajó durante años con las Hijas de la Caridad. También trabajó en el hospital Santa Cristina durante la época en que Sor María Gómez Valbuena era Madre Superiora o jefa de las religiosas de esa institución. Este hospital, también conocido como "O'Donnell", por la calle en la que se encuentra en Madrid, es conocido por los presuntos delitos de robo y venta de bebés que se produjeron durante décadas. Recordará que este es el mismo hospital donde nació Ted G. (su caso aparece en el Capítulo 6) y luego fue vendido a sus padres adoptivos en 1962.

No estábamos seguros de cómo iba a ir esta reunión. ¿Sería Carmen protectora de la iglesia? Después de todo, había dedicado su vida a su trabajo y había respondido a su llamada a una edad temprana. ¿O el hecho de que fuera una exmonja significaba que ya no era creyente o simplemente que no podía seguir tolerando las cosas que le habían hecho hacer como monja? ¿O algo más?

Pronto recibimos nuestra respuesta.

"Yo tenía amigas, compañeras monjas, que trabajaban en O'Donnell la jornada completa. Yo iba allí en mis días libres de otro servicio que estaba haciendo para las Hijas de la Caridad, la mayoría de las veces era un domingo. Ayudaba a cuidar a los bebés recién nacidos y a las madres que estaban a punto de dar a luz o que acababan de dar a luz y se estaban recuperando. Sin embargo, nos instruyeron, y esto vino desde arriba (Sor María), que teníamos prohibido ir a cierto piso del hospital. Todas sabíamos que aquí era donde les quitaban los bebés a las madres. Otras monjas decían que a las madres solteras no se les debe permitir quedarse con sus bebés, que la iglesia era clara en este punto, que un bebé debe ser criado dentro de una familia compuesta por un padre y una madre unidos por el matrimonio. Yo pensaba, 'pero ¿qué pasa con una viuda? Ella cría a sus hijos sin el padre. Entonces, ¿por qué se le prohíbe a una madre soltera hacer lo mismo?'

Incluso si una madre soltera hubiera puesto a su bebé a nuestro cuidado mientras intentaba encontrar trabajo o ir a trabajar, y le era imposible visitarlo todos los días... yo he escuchado a otras monjas decir que esperaban que la madre no regresara por un tiempo para entonces poder declarar al bebé como abandonado y darlo en adopción. Muchas sabían que esto era lo que prefería la Madre Superiora, tener siempre suficientes bebés para cubrir la demanda.

Una vez me dijeron que preparara un bebé para la adopción y luego me dijeron que se lo llevara a los padres adoptivos, lo cual hice. En ese momento, supongo que pensé que todo era legal, pero aun así tenía dudas. Porque no mucho después, la madre, que nos dijeron que era mendiga o prostituta y que el padre estaba en la cárcel, vino a O'Donnell y preguntó por su bebé. Le dijeron que no podía ver al bebé porque tenía fiebre alta y estaba aislado por temor a que pudiera contagiar a otros bebés. Hubo casos similares y cada vez se le dieron excusas similares a la madre que quería ver a su bebé. De esta manera, cuando hubiera transcurrido el tiempo suficiente, podían demostrar que la madre no había estado con su bebé durante varias semanas o algunos meses y así podían declarar al bebé como abandonado y venderlo a los padres adoptivos.

Nuestros superiores sabían lo que estaban haciendo. Creo que muchas de nosotras (monjas) teníamos dudas y no lo queríamos creer, pero después de un tiempo se volvió muy claro. He visto demasiada documentación falsificada y he escuchado demasiadas historias tristes que se parecían demasiado a lo que había presenciado para no ser verdad. Me entristece que la Iglesia no reconozca el terrible papel que jugó en este capítulo oscuro de la Iglesia y de España. Deberían pedir perdón y abrir sus registros para ayudar a tantas víctimas a encontrar la verdad y encontrar la paz antes de que sea demasiado tarde.

Me duele mucho que la iglesia al menos no reconozca el daño que ha causado a tantos.

Por eso tuve que irme y alejarme de mi vocación. Ya no podía vivir con el conocimiento de lo que se ha hecho".

Desde que dejó las Hijas de la Caridad y dejó de ser monja, Carmen ha trabajado activamente en nombre de varias víctimas de robo de bebés, ayudando en su búsqueda. Recientemente fue una de las muchas personas que se reunieron con *Monseñor* Blázquez, el presidente de la Conferencia Episcopal Española (un grupo poderoso que representa a muchas iglesias y feligreses).

"Prometió que le 'abriría puertas' a la gente. Pero fue vagamente. Queríamos saber los detalles. Finalmente dijo que permitiría a los obispos tomar estas decisiones y trabajar a nivel regional y local. Pero una vez que descubren que es para víctimas de bebés robados, se niegan muchos certificados y registros.

El Monseñor nos ha dicho que es el Poder Judicial el que debe investigar y ayudarnos, pero ellos (el Poder Judicial) nos dicen que tienen las manos atadas sin que la iglesia abra sus registros. Se protegen unos a otros.

Intenté hablar con la Madre Superiora de O'Donnell para que les proporcione documentos a las víctimas. Solo dice que sucedió hace mucho tiempo y que no es culpa suya. No estamos tratando de culpar a quienes como ella están a cargo ahora, pero creemos que este lado oscuro del pasado de la iglesia debe ser confrontado y deben pedir perdón. Pero las víctimas, las madres, merecen más. Han sufrido mucho, y muchas han tenido que ir a psiquiatras solo para poder funcionar en la vida diaria. Están siendo revictimizadas por las negaciones y las demoras de la iglesia.

Es similar a los casos de pedofilia en la Iglesia Católica y sacerdotes depredadores. Negar la verdad, encubrirla, mentir sobre ella o simplemente trasladar al sacerdote pedófilo de iglesia en iglesia no resuelve nada. Solo viola a las víctimas una y otra vez. Queremos que la iglesia pida perdón, reconozca lo que ha hecho, pero necesitamos más, necesitan abrir todos los archivos para que los casos no se puedan cerrar y se archiven sin investigar. Pero no es solo la iglesia. Los jueces y fiscales en España no hacen nada. No tengo ninguna duda de que muchos jueces han adoptado ilegalmente, han comprado bebés incluso cuando archivan los casos de víctimas que acuden a ellos en busca de justicia. En España, jueces y fiscales tienen mucho poder y no quieren exponerse ellos mismos por ser parte del problema".

Carmen hizo una pausa aquí mientras le preguntamos hacia dónde veía que iba este problema, ¿tiene esperanza? En el verano del 2018 España había derrocado a su líder conservador, Mariano Rajoy y había instalado a un líder más liberal, Pedro Sánchez. (4)

"Bueno, tal vez el aire político esté cambiando y el gobierno apoye más a las víctimas ahora. Pero sin la cooperación de la iglesia, la justicia siempre estará limitada. Hemos escrito al Papa pidiéndole que amoneste a la Iglesia española y le ordene su plena cooperación. Pero no ha respondido a nuestras súplicas.

Y las Hijas de la Caridad, que estaban en todos los hospitales y clínicas y que trabajaron con tantas congregaciones, tienen tanto que pueden hacer y abrir archivos para las víctimas, documentos, cuadernos… permitir que otros den su testimonio de lo que vieron, pero guardan silencio. Dicen que mucho se ha destruido en incendios, inundaciones y otros desastres.

Escribimos aquí en España al Nuncio *Monseñor* Rouco Varela para que tomara medidas para ayudar. Solo respondió invitándonos a rezar por el Papa. Ignoró todo en nuestra carta.

La ley ha cambiado aquí en España y ha ordenado a la iglesia que abra sus archivos y proporcione documentos a las víctimas. Pero la iglesia se niega. Esperan que las víctimas mueran o simplemente abandonen su búsqueda. Y el gobierno se niega a hacer cumplir su ley.

Rezo para que hagan lo correcto antes de que sea demasiado tarde para que importe".

María José Esteso, periodista de investigación que ha escrito varios artículos para revistas y diarios en España, así como libros que relatan cómo y cuándo comenzó el robo de bebés, también responsabiliza a la Iglesia católica y al gobierno español por estos crímenes. Como ella dice, "Donde uno comienza y el otro termina es casi indistinguible. Entraron en una alianza de beneficio mutuo que, en muchos sentidos, continúa incluso hoy".

Cuando compartimos con María José parte de lo que Carmen nos había contado y el papel de las monjas en la entrega de bebés, no se sorprendió mucho. "Me hubiera sorprendido sólo si ella te hubiera dicho algo diferente", respondió. Explicó cómo cuando ella y otros periodistas comenzaron a construir el cronograma de estos robos de bebés, notaron cómo, cuando la construcción de nuevos hospitales comenzó a florecer a mediados de la década de 1960 en España y las leyes hicieron que el parto en hospitales bajo atención médica fuera obligatorio, se compartieron muchas historias de diferentes madres en toda España. Madres que, aunque no se conocían, contaban detalles muy similares. "En resumen", dijo María José, "las madres contaban cómo otras les decían que no fueran a estos hospitales... porque los bebés desaparecen y ya nunca regresan".

Cuando nos reunimos con María José en Madrid a finales del verano del 2018, se acercaba el juicio del Dr. Vela. Expresó cierto optimismo por el desenlace, pero temía que al igual que Sor María Gómez Valbuena antes que él, algo interviniera para evitar que se haga justicia. "España tiene muchos fenómenos inexplicables de este tipo", señaló.

Para el documental, María José entró en una descripción detallada de la red del robo de bebés o la mafia, como la llaman Enrique Vila y otros, que comenzó como una forma de represión y castigo a los llamados 'rojos' o enemigos de Franco a finales de la década de 1930. Luego, décadas más tarde, se transformó principalmente en un simple negocio con fines de lucro, con los bebés como el producto en demanda y la mafia asegurando que hubiera un flujo constante de suministro para satisfacer esta demanda aparentemente ilimitada. Tanto en España como fuera de ella, a países como Estados Unidos.

María José notó cómo el robo y venta de bebés con fines lucrativos tuvo un gran auge especialmente entre finales de los años 60 y principios de los 80. Esto, señaló, "coincide con el momento en que muchos médicos se están trasladando a la práctica privada después de haber sido formados bajo el régimen franquista. Se cambiaron las leyes para hacer obligatoria la atención del ginecólogo, y nuevamente, ambos escenarios están completamente dominados por médicos hombres que a su vez asumen puestos de responsabilidad en universidades y escuelas de medicina donde se forman nuevos médicos y ginecólogos, en hospitales, clínicas y departamentos gubernamentales que supuestamente supervisan la industria médica. No es difícil ver cómo estos cambios y personal se correlacionan con el increíble aumento de supuestas muertes de bebés durante estos años debido a cosas como 'infecciones de oído' o 'causas inexplicables'. Sin embargo, al mismo tiempo escuchamos casos de madres a quienes sus médicos varones no les permiten ver a su bebé o cómo se llevan a los bebés a las incubadoras y se prohíbe a los padres ver a su bebé recién nacido. Incluso historias de ginecólogos como el Dr. Vela que supuestamente mostraban a las madres bebés muertos congelados y les mentían diciéndoles que ese era su bebé mientras vendían a sus bebés y salían por la puerta trasera".

Como hemos comentado en el capítulo 1, María José confirmó que no había duda de que estos médicos, sin embargo, no trabajaban solos. "No actuaban solos. Hay un grupo de actores que siempre se repiten. Notarios públicos que a sabiendas firman documentos falsificados, enfermeras y comadronas que falsifican registros de hospitales y clínicas y engañan a las madres sobre sus bebés recién nacidos, monjas, por supuesto, que desempeñan un papel fundamental en la dirección de toda esta operación. Aquellos como Sor Gómez Valbuena que coordinan la red para que el bebé robado llegue a su comprador, incluso taxistas a los que se les paga por transportar bebés robados, y directores de funerarias que saben que la caja o ataúd que les pagan para enterrar está vacía. Todos juegan su papel en esta farsa, esta red criminal porque todos se benefician del robo del bebé de una madre. Todos trabajan para asegurarse de que sea casi imposible descubrir la verdad.

Luego, si llega a un juez o fiscal, muchos de ellos tenían hijos adoptados ilegalmente o conocían familiares que los tenían, por lo que archivan los casos o los cierran incluso cuando existen pruebas claras y la víctima pide justicia. Esto no sucedió solamente bajo Franco, siguió sucediendo cuando España pasó a ser una democracia a principios de los años 80.

Lo que ha sorprendido a la sociedad española es que siguió sucediendo hasta bien entrada la década de los 90 e incluso principios del 2000".

María José, como Carmen, también habló de la necesidad de que los culpables pidan perdón. Pero en este caso, se centró directamente en el Gobierno español. "El estado debe pedir perdón. Durante décadas han sido coconspiradores en un complot para robar bebés y venderlos, luego encubrir activamente la verdad y ahora, para hacer casi imposible que las víctimas tengan sus casos investigados y juzgados adecuadamente".

170

Hablamos con María José sobre otros lugares que han visto abusos perpetrados contra sus ciudadanos, como en la dictadura argentina (1976-1983).

María José hizo una distinción entre lugares así y España.

"Allí (Argentina) el gobierno admitió su papel, se disculpó y creó tribunales especiales para buscar la verdad. Las víctimas tenían acceso a policías especializados, investigadores especializados y tribunales especializados para estudiar sus casos. Aquí, en España, después de 40 años de dictadura con Franco y 40 años de democracia, todavía no tenemos nada similar para las víctimas. Los casos se asignan de manera descentralizada, por lo que toda la discreción está en manos de los fiscales y jueces locales que simplemente cierran los casos a su gusto".

Si bien María José tenía cierto optimismo de que con un gobierno menos conservador al frente de España las cosas podrían cambiar, también dijo que las experiencias pasadas la obligan a ser realista.

"Si en dos años las cosas no cambian drásticamente, me temo que nunca lo harán".

Francisco González de Tena comparte muchas de las mismas preocupaciones que mencionó María José. Sociólogo de formación, Francisco también ha escrito extensamente sobre los años de Franco y sobre la red y la operación coordinada de robo de bebés que existió en España durante décadas. Como era de esperar, habló con nosotros sobre la importancia del poderoso simbolismo cultural y religioso utilizado por quienes están en el poder tanto para perpetuar los crímenes como para intimidar y coaccionar a cualquiera que se atreva a enfrentarlos.

"La iglesia en España nunca fue inocente. Actuaron con impunidad. Sabían que los símbolos de la iglesia eran adorados, glorificados y temidos en España. Y usaron este poder como

171

escudo contra las víctimas y contra cualquiera que intentara descubrir la verdad.

El mismo concepto de autoridad; la bata blanca del médico, el hábito blanco o gris de la monja, la cruz, el atuendo ceremonial de los sacerdotes y obispos se mostraban como un medio para mantener al ciudadano a distancia. Para silenciarlos. Para intimidarlos y someterlos. Es por eso por lo que las víctimas tardaron tanto en darse cuenta de que no estaban solas, que había otras a las que les decían las mismas mentiras, engañadas por el mismo proceso. Esto es debido a que las monjas les prohibían hablar con nadie, les prohibían a los maridos abrir cajas vacías llenas de arena cuando se suponía que eran sus bebés muertos.

Incluso las monjas que llevaban bebés recién nacidos que claramente no eran los suyos, en cestas o envueltos en mantas mientras subían a trenes o autobuses o incluso aviones para viajar a otros países, lo hacían con impunidad. Nadie se atrevía a cuestionar a estos representantes de la iglesia a pesar de que no estaban llevando a cabo la voluntad de Dios, sino la voluntad de la red que adoraba la codicia y el dinero".

Sería ingenuo de cualquiera, Francisco nos dijo, que creyéramos que estos casos de bebés robados estaban de alguna manera aislados. "Para que los casos sean tan similares, incluso aquellos en los que los bebés fueron vendidos ilegalmente y sacados de contrabando desde España a lugares como Estados Unidos, Venezuela, Argentina, Brasil, Alemania, Suecia, Francia y muchos otros lugares, tenía que haber una organización. Alguien estaba transmitiendo cómo lograr estos crímenes tranquilamente y sin ningún problema".

Al igual que Carmen, Francisco ve varios obstáculos importantes en el camino de las víctimas para llegar a la justicia.

"La continua dependencia de los *concordatos* entre España y el Vaticano (acuerdos que permiten que la iglesia retenga y no entregue los registros de adopción archivados a familiares) ayudará a que la iglesia se esconda bajo la arena a menos que estos sean revocados, y deberían serlo. La dificultad a la que se enfrentan las víctimas para realizar sus propias investigaciones y la falta de fiabilidad de los laboratorios de ADN aquí en España y, por supuesto, la iglesia en España debe limpiarse. Su casa está sucia y sus manos están cubiertas con la sangre de las madres a quienes les robaron sus recién nacidos".

En cuanto a cualquier posible condena del acusado Dr. Vela, Francisco simplemente agregó: "Él (Vela) no es nadie. No es importante. Pero una convicción rompería al menos el cristal que cubre la socialización del silencio y el miedo en España. Tal vez, una vez que haya suficientes voces, no puedan silenciarnos a todos".

Pablo Rosser, el jefe de la sección de patrimonio cultural del *Ayuntamiento* de Alicante, un historiador que trabaja para la ciudad de Alicante (España), nos recordó no solo la destrucción masiva de tantas ciudades en toda España durante la guerra civil como Barcelona, Madrid y Alicante, uno de los últimos puntos de resistencia de la oposición republicana, pero también de la poderosa alianza tripartita que surgió de esta guerra. Una alianza que fue fundamental para perpetuar la red del robo de bebés.

"¿Quién participó en la red de robo de bebés? Hay tres poderes, desde el principio. El político, el militar y el religioso. El militar, que castigaba a los supervivientes de la oposición y a sus descendientes ya sea ejecutándolos y dejándolos en zanjas o en fosas comunes sin marcar o robándoles a sus bebés y entregándolos a otros leales a Franco. El político, que proporcionaba cobertura política y leyes que permitían el robo de bebés, y también ellos se quedaban con muchos niños. Y el poder religioso, la iglesia, que usaba a sus propios servidores, las monjas para infiltrarse y dominar los hospitales, las clínicas, las guarderías... para robar bebés y engañar a las madres".

Pablo compartió muchas consecuencias específicas de la guerra en Alicante y el impacto en su sociedad durante décadas después. En particular, nos dijo que "se sacaban bebés de Alicante y se vendían a los mejores postores como bolsas de naranjas. Muchos bebés alicantinos se transportaron a Chile, por ejemplo, por la estrecha relación que tenía el dictador Franco con el dictador chileno Pinochet. (5) Esto fue similar en toda España, solo cambió el destino final pero la red, la mafia, no cambió, ni en sus métodos ni en su codicia".

Uno de los problemas continuos que enfrentan tanto las víctimas de robo de bebés como las familias sobrevivientes de los asesinados o ejecutados durante la Guerra Civil española es la identificación de los cuerpos de los fallecidos. Pablo nos dejó este último pensamiento.

"Tenemos que recordar, nosotros (España) somos el segundo país con el mayor número de ciudadanos desaparecidos, y que yacen en las cunetas o en fosas comunes. Camboya es el único país con un total superior a España. Todavía tenemos en las cunetas de muchas carreteras restos óseos no identificados de víctimas. Con la promulgación de nuevas leyes y de la Ley de Memoria Histórica, estamos avanzando en esta área, y las víctimas pueden solicitar y obtener una orden judicial para realizar una exhumación (pública o privada) para confirmar si un ser querido está enterrado en el lugar donde han dicho, porque esto es una aberración. Al menos es un paso para finalmente salir adelante del horror de la guerra y de la violación de los derechos humanos de tantas madres y sus bebés en las últimas décadas".

Le hicimos la misma pregunta a cada uno de nuestros expertos:

¿Qué sucede después? ¿Tienen las víctimas alguna esperanza de lograr la verdad, reconciliación y justicia?

Francisco: "Incluso con las nuevas leyes que se han propuesto para ayudar a las víctimas de alguna manera, sigue siendo un tema muy complicado y difícil. Porque es España, porque se trata de Dios en lo que sigue siendo una nación católica, porque todos los culpables que cometieron estos crímenes durante muchos años lo hicieron con total libertad e impunidad. Sabían que no tenían nada que temer. El dictador y la iglesia no solo sabían lo que pasaba, participaban, lo apoyaban. Hemos encontrado archivos quemados, archivos destrozados, inundaciones intencionadas, todo hecho para destruir pruebas. Cambiaron a propósito los apellidos. Los niños fueron inscritos como niñas y viceversa para hacer que la detección del crimen fuera casi imposible. Incluso cambiaron y falsificaron el lugar del Nacimiento.

Entonces, ¿cuál es la última esperanza? La prueba de ADN. Pero con más de 300.000 personas que siguen buscando, y muchos ni siquiera saben que fueron robados, ¿por qué alguien pensaría siquiera en hacerse una prueba de ADN?"

Pablo: "Será difícil debido a la superestructura que continúa hoy y que es descendiente del dictador Franco, y muchos de los que están en el poder no tienen ganas de descubrir el pasado, incluso si eso significa permitir que tantos se curen. Este régimen que supuestamente terminó en 1975 nunca terminó por completo, el poder más oscuro de este régimen continúa, incluso hoy.

La herida finalmente se cerrará solo cuando todas las fosas comunes y no identificadas, y los cuerpos sean devueltos a sus familias con honores, como los que murieron en la guerra, y cuando todas las víctimas de robo de bebés finalmente tengan acceso a los registros y archivos a los que tienen derecho a acceder para encontrar a sus seres queridos. Esto contribuirá en gran medida a ayudar a todos a sanar. Pero la estructura actual aún resiste, aún lucha contra el cierre de las heridas".

María José: "Bueno, (a partir del 2018) hay más de 2.000 denuncias o casos oficiales presentados en tribunales de España, pero el poder judicial y la *Fiscalía General* son inteligentes, diluyen estos casos al no centralizarlos ni unirlos. De esta manera, pueden desestimar lentamente o cerrar prematuramente estos casos, incluso con pruebas, a nivel local y dificulta que las víctimas hagan de este un problema nacional, que es, y que obtengan la atención de los medios de comunicación en toda España. Según mi recuento, solo 10 de estos más de 2.000 casos tienen alguna posibilidad de ser investigados, dada la forma en que nuestras leyes y tribunales abordan tales casos.

Sin embargo, sigue siendo un mundo al revés, tenemos nuevas esperanzas con un nuevo liderazgo que puede ser más empático con las víctimas, pero ya hemos visto anteriormente promesas hechas y luego rotas".

En el siguiente capítulo, conocemos a la valiente mujer que se encuentra en el centro de la tormenta legal en el juicio del Dr. Vela.

Capítulo 8
INÉS MADRIGAL
PARTE I

Cuando filmábamos la mayor parte del rodaje in situ, en España, para nuestro documental durante el verano del 2018, el juicio próximo del Dr. Vela, un ginecólogo jubilado, acusado de robar cientos, si no miles, de bebés durante cinco décadas, se acercaba rápidamente. Este juicio no tiene precedentes en la historia de España. Si es condenado, marcaría la primera vez que alguien se enfrenta al encarcelamiento por delitos relacionados con décadas de robo y venta de bebés, falsificación de documentos públicos y registros oficiales, y engaño intencional a los padres biológicos en cuanto al estado de sus bebés. Unos años antes, como se analiza en este libro, Sor María Gómez Valbuena fue acusada pero nunca fue juzgada por delitos similares, ya que murió pocos días después de su comparecencia inicial ante el tribunal.

Entonces, mientras las víctimas de robo de bebés esperan el juicio con mucha anticipación, ansiedad y optimismo cauteloso, nos sentamos con la denunciante del Dr. Vela, Inés Madrigal. Armada con pruebas y documentos que, según ella, son registros falsificados con la firma del Dr. Vela, y un poderoso testimonio de su madre adoptiva que conoció directamente a Vela durante el proceso de adopción. Inés es la primera en llevar a juicio un caso de robo de bebé.

Antes de enfrentarse a los abogados y jueces de la corte en Madrid, accedió generosamente a darnos una entrevista privada y exclusiva para nuestras cámaras.

"Es la historia de tu vida y sientes ciertas cosas, y te preguntas sobre cosas incluso antes de estar segura. Cuando era muy pequeña, recuerdo que los niños me llamaban 'adoptada' en el colegio. Ni siquiera tenía idea de lo que eso significaba, pero por la forma en que lo decían, sabía que debía ser algo malo. Se lo dije a mi madre y ella se enfadó mucho, me agarró de la mano y tomó un marco que teníamos en la pared de la sala y dijo: 'Mira esto'. Era una copia enmarcada del Registro Civil de mi nacimiento y tenía todos las fechas, nombres y lugar relacionados con mi nacimiento. También recuerdo que mi madre les dijo a los padres de estos niños que me llamaban así que, si no paraban, presentaría una denuncia policial.

Lo que sé hoy es que, en mi pequeña ciudad, muchos de los padres sabían que yo era adoptada, que mi madre, que era ya mayor cuando me llevaron a casa, nunca había estado visiblemente embarazada. Los padres debieron habérselo dicho a sus hijos, y luego se burlaron de mí.

Al crecer, comencé a preguntarme algunas cosas. Cómo no me parecía a mis padres o cómo, cuando estábamos en reuniones familiares, no había afecto o amor real como lo veía con otras familias. Excepto por una tía que me prestaba atención, todos los demás me hacían sentir invisible... o, bueno, como si realmente no fuera parte de la familia.

Guardé estos sentimientos y estos pensamientos en mi interior, hasta los 18 años porque era una persona feliz, positiva, divertida y quería disfrutar de la vida. Pero cuando cumplí 18 años, mi madre tuvo una fuerte crisis con mi padre, y me dijo que estaba pensando en divorciarse. Pero también dijo que tenía algo que decirme cuando cumpliera los 20 años. Inmediatamente dije: '¿Qué me vas a decir, que soy adoptada? Lo sabía'.

Entonces empezó a llorar. Era la primera vez que veía llorar a mi madre. Ella controlaba muy bien sus emociones como una forma de pelear con sus propios demonios. Creció en un hogar abusivo, su padre bebía, era alcohólico y les pegaba a ella y a su madre.

Le dije que estaba bien, que le debía todo lo que tenía y que no se preocupara. Terminó diciéndome lo que yo sabía dentro de mí que era verdad, que era adoptada, un poco más tarde. Esperó hasta que tuviera un trabajo para que, si quería irme, dejar mi casa, pudiera mantenerme.

Un amigo cercano de nuestra familia, un sacerdote jesuita de Almería accedió a reunirse conmigo poco después de recibir la noticia. Me había visto crecer desde que era una niña. Simplemente me dijo que era el bebé de una madre que no podía criarme. Me pregunté si tenía algo que contarme, pero no me dijo nada y yo respeté su silencio pensando que era secreto de confesión.

Pero me preguntaba, ¿quién era mi madre? ¿Cómo era ella? Tantos pensamientos corren por tu mente. ¿Soy hija de una violación, de una drogadicta, de una joven soltera que quedó embarazada? tienes estos miedos, pero no los compartes con nadie porque te da vergüenza, porque no conoces a nadie que esté en tu misma situación y quieres saber la verdad, pero no para causar más tristeza a tu madre.

Entonces, intentas pasar página y vivir tu vida.

Luego, en el 2010, había muerto mi padre y yo ya había dado a luz a mis hijos gemelos y por casualidad leí el diario *El País* que tenía un artículo sobre Antonio Barroso y su amigo Juan Luís Moreno, quienes aseguraban que fueron robados y comprados con pagos a plazos. Eran mejores amigos cuando eran niños, crecieron juntos solo para descubrir por una confesión en el lecho de muerte del padre de Antonio que sí, ambos fueron comprados al mismo cura en Zaragoza.

¡Me dio un shock!

¿Pero era yo, un bebé así? ¿era mi caso similar?

Le escribí un email a Antonio y esperé con ansiedad 3 o 4 días y luego me llamó. Fue la primera vez que hablaba con alguien que había experimentado sentimientos y preocupaciones similares a los míos. Me dijo que se había enterado de todo, que todos sus documentos habían sido falsificados y me preguntó por mi caso. No sabía qué decir, sólo nos habíamos enterado de esta red, esta mafia de robo de bebés en el 2009 o como muy pronto, a finales del 2008. Me dijo: 'Inés, hay miles de madres que han estado llevando flores a tumbas vacías'.

¿Y si mi madre fuera una de esas madres? Terminé llorando mientras hablaba con Antonio. Me dijo que había un abogado, Enrique Vila, en Valencia, y que él (Antonio) y Vila iban a presentar próximamente una denuncia conjunta de más de 260 casos en la *Fiscalía* de Madrid.

Después de mi charla con Antonio, comencé a pedir y recibir mis registros y mis papeles. Cuando los revisé, descubrí que la letra del Dr. Eduardo Vela está en muchos de mis documentos y pone que asistió al parto de una mujer que era estéril y nunca tuvo un bebé. Eso es una total falsificación de un documento público oficial que en España es un delito. Antonio miró mis papeles y me dijo que todo lo que tenía estaba falsificado.

Una vez que sabemos que todo en mis archivos es falso, presentamos formalmente las 260, ahora 261 denuncias en España en el 2011. Pero aquellos en el poder en España que no tienen ningún deseo de que las víctimas alcancen la justicia saben cómo jugar el juego para ponérselo muy difícil a las víctimas. La *Fiscalía* separa los casos y los envía a cada uno de ellos a la zona o región local donde originalmente se produjo el supuesto nacimiento. De esta manera, es más difícil mostrar que no se trata de casos aislados de bajo nivel, sino de un patrón real, una mafia en acción.

Mi primera denuncia fue archivada por un fiscal local. Sabía que esto era solo el comienzo. Me puse en contacto con Guillermo Peña, un abogado que presentaba agresivamente casos de víctimas en tribunales de toda España. Me dijo que tenía un caso sólido y que volvería a presentarlo en un tribunal más apropiado. Hasta la fecha (2018) representa a más de 170 víctimas de robo de bebés diferentes. Hicimos esto solo con el permiso de mi madre adoptiva. (1)

Mi madre siempre me decía que quería que encontrara a mi madre biológica, que encontrara a mi familia, pero por amor, por no querer lastimarla, este fue un primer paso difícil para los dos. Le dije a mi madre que para presentar una denuncia ante el tribunal, tal vez tenga que denunciarla a ella por lo que hizo con el Dr. Vela al adoptarme ilegalmente. Entonces, si ella quería que detuviera el proceso o mi búsqueda, que me lo dijera y lo detendría. Pero ella dijo: '¿Por qué? ¿Qué me puede pasar?'. Le dije: 'Probablemente nada. No irás a la cárcel por tu edad y el juez te puede ordenar que me pagues una indemnización, pero lo has estado haciendo desde que nací, cuidándome, así que no insistirá'. La miré y ella estaba decidida a que yo obtuviera la verdad. 'No te preocupes', dije, 'lo haré'.

Luego, me dijo todo lo que sabía, que había trabajado como voluntaria en varias organizaciones benéficas y guarderías dirigidas por monjas porque le encantaba cuidar a los bebés. Y como nuestro amigo de la familia, el sacerdote jesuita también conocía al Dr. Vela, los conectó para que, aparentemente, Vela facilitara una adopción. Mi madre también me contó que una vez que fue a verlo a su consulta, debido a que mi madre no conocía a Vela antes, él, el Dr. Vela, le dijo que simulara un embarazo colocando almohadas debajo de su ropa, y cuando tuviera un bebé listo, él la llamaría. Y así lo hizo. Les dijo a mi madre y a mi padre adoptivos que tenía un bebé listo para que lo recogieran y que no se preocuparan, que él se encargaba de todo. Él dijo que, 'le estaba dando un regalo a mi madre por sus años de trabajo para las monjas'.

Guillermo y yo seguimos avanzando en mi caso y en el 2012 mi madre y el Dr. Vela tienen un intenso enfrentamiento a puerta cerrada en el juzgado durante un careo. En un momento, mi madre que usaba un bastón, lo levanta para golpear a Vela ya que él se negaba a admitir conocerla, diciendo que nunca la había visto antes. '¿Cómo?', gritó mi madre, '¿Puedes negar que me conoces después de que me regalaste una niña? ¿Cómo?'

Pero después de todo el trabajo, los testimonios, la ansiedad y el dolor, ahora estamos en un momento nuevo para España. Esta es la primera vez que un caso de robo de bebés llega tan lejos en los tribunales, hasta el punto de que ahora el Dr. Vela será juzgado y tendrá que responder por lo que hizo, no solo en mi caso, ya que esto puede abrir las puertas a todas las víctimas a las que engañó durante décadas.

Antes de que mi madre falleciera recientemente, ella y yo estábamos viendo unas noticias sobre el Dr. Vela. Era una periodista francesa que llevó una cámara oculta a su consulta en la Clínica San Ramón antes de que la cerraran. Y mi madre reconoció a su esposa, Adela, en la televisión, que estaba de pie detrás de Vela mientras la periodista le preguntaba si alguna vez había regalado un bebé y él respondió que sí, sí, lo había hecho. Incluso agregó: 'Ella (yo) fue un regalo' y que él no le cobró (a mi madre). Mi madre dijo: 'Inés, ves, él lo admitió'. Luego dijo: 'Y su esposa, esa es la mujer que te llevó arriba y te puso la ropita de bebé que te compramos justo antes de traerte a casa. Ella lo sabía'. Todos lo sabían".

Nos detuvimos en esta coyuntura no por una decisión magistral en la realización de la película, sino porque escuchamos a la mascota de la familia, un gato, al que apodamos *El Rey*.

Aparentemente era hora de cenar y si bien la justicia no espera a nadie, como dicen en Estados Unidos, ciertamente debe al menos detenerse para *El Rey*.

Cuando volvimos a reunirnos, le preguntamos a Inés qué estaba sintiendo en ese momento, con el juicio acercándose cada vez más.

"Sabes, todo el mundo siempre me pregunta cómo me siento acerca de este juicio ya próximo del Dr. Vela. ¿La verdad? Solo siento vergüenza. Es una pena, porque este no debería ser el primer juicio después de que se hayan archivado más de 2.000 casos, casos con pruebas y víctimas reales y criminales. Detrás de cada demanda hay el dolor y el sufrimiento de toda la familia y el dolor de la pérdida de seres queridos y familiares que nunca se reunirán. Y nuestros políticos continúan hablando y haciendo promesas, pero no progresan en nada y, mientras tanto, se han estado robando bebés y los culpables se han salido con la suya durante más de 60 años".

Al igual que Chary y Ascensión, a quienes ya conoció anteriormente en este libro, Inés también pasó a ser la presidenta de una asociación local de bebés robados donde vive en un esfuerzo por ayudar a otros como ella. Nos dijo que hay más de 130 familias en busca de seres queridos en la zona de Murcia.

"Están esperando que muchos de nosotros muramos para que este problema desaparezca. Pero no nos iremos. Sé que mi caso pasará al lado más oscuro de la historia de España con los bebés robados, pero si eso es lo que se necesita para llegar finalmente a la verdad, que así sea.

Nosotras, todas las víctimas, nos estamos ocupando de cosas que deben ser atendidas por la administración estatal, el sistema judicial. Para mí, cuando comencé a ver que todos estos casos no recibían asistencia, fue una bofetada emocional, un shock realmente, ver cómo el Fiscal General de España (Ministro de

Justicia Ruiz-Gallardón) abre una oficina oficial, como parte del Ministerio de Justicia, ubicada en Madrid en la *Avenida de la Bolsa, Número 8*, y realiza ruedas de prensa para decirnos a todos que en esta oficina podremos pedir nuestros documentos y registros oficiales y finalmente se resolverá todo. Pero la verdad es que, cuando vas allí, te dicen: 'Bueno, no tenemos ninguna capacidad legal o legitimación real para tomar ninguna medida en tu nombre. No vamos a buscar a su bebé o hijo en su nombre, o sus verdaderos orígenes, eso debe hacerlo usted mismo'.

Entonces, ¿por qué yo, por qué cualquiera de nosotros necesita una oficina tan impotente y falsa?

Pero esta es la forma en que supuestamente hicieron algo 'oficial' sin hacer nada en absoluto. No han investigado nada y nos han proporcionado nuestra 'propia' oficina, ¿por qué? ¿De qué sirve? ¿A quién creen que están engañando?

Lo que está claro es que todo el mundo sabe que en este país se robaron bebés con impunidad. De hecho, Felipe González (ex presidente del Gobierno de España) lo sabía. En 1987, su administración modificó el código penal para que el preámbulo establezca que España debe acabar con el tráfico de bebés en nuestra nación. Entonces, ¿por qué no hizo nada al respecto? (2)

No querían tomar medidas reales ni entonces ni ahora.

Tenemos un caso en curso con un padre que va al hospital Santa Cristina donde trabajaba Sor María que, por cierto, tenía una relación muy personal con el Dr. Vela e intercambiaban bebés para atender a sus clientes. Era como, 'Necesito un bebé', y ellos decían 'Oh, no te preocupes' y envían a la familia a Santa Cristina. En este caso en particular, el padre adoptivo va allí y ve a su hija (la que le prometieron) y justo al lado de ella hay otro bebé y dice: 'Dámelo a mí también, yo puedo cuidar de los dos'. Y Sor María supuestamente le dijo: 'No puedo darte este, está reservado para un ministro que lo va a recoger pronto'.

¿A dónde fueron estos niños? ¿Quién se los llevó?

Ellos lo saben.

Entonces, sí, siento vergüenza por mi país. Es increíble que de todos los casos, de todas las madres que buscan a sus bebés, mi caso sea el primero en ir a juicio. Mi madre habló, pero muchos no lo hacen, por miedo, por intimidación, porque les dicen que están locos o que les pasarán cosas malas a sus seres queridos si causan problemas.

Pero otra gran parte de este problema es que tenemos tantos ciudadanos españoles caminando por las calles que ni siquiera saben que son adoptados porque muchos de los registros de nacimiento y de adopción fueron falsificados para cubrir las huellas de los delincuentes que compran y venden bebés. Hubo un pacto de silencio entre los poderosos, en ambos lados del pasillo político, con la esperanza de que el pasado simplemente se olvide y las víctimas desaparezcan".

Le preguntamos a Inés cómo se sentía ante el inminente juicio, y si era consciente de que tantas víctimas la ven como una especie de salvadora de la causa.

"¿Cómo me siento? Es difícil, tantas emociones. Pero es un trabajo que tengo que hacer. Eduardo Vela no me va a decir 'mira Inés, te voy a contar exactamente lo que pasó con tu madre'. Nunca me dirá exactamente en qué circunstancias me separó de los brazos de mi madre. ¡Quizás ni siquiera se presente al juicio!

Él es médico y tiene muchos amigos y colegas poderosos en la profesión médica, firmarán algún 'justificante médico' para decir que está demasiado débil o viejo para subir al estrado, aunque todos sabemos que eso es falso y mantiene un talante agudo y mente astuta. Él ya ha puesto todas sus propiedades y riquezas a nombre de otros miembros de la familia para que, si lo condenan y lo obligan a pagar, bueno, puede alegar no tener nada. ¿Es esto obra de un viejo senil? Ciertamente no.

¿Cómo puedo parar ahora que estamos tan cerca de tener la primera prueba jurídica de un robo de bebés en España? Hablé con varios letrados que me dijeron que será muy difícil que lo condenen, incluso con tantas pruebas, pero ya fue investigado por irregularidades en su clínica privada en 1981, por eso tuvo que cerrarla. Pero tantos delitos durante tantos años... el sistema de justicia quiere acusar a alguien, ¿por qué no a él? Pero probablemente una 'castigo leve', no quieren molestarlo tanto que él 'derrame los frijoles', como dicen en inglés, ¿no?

Pero para que quede claro, si nos pregunta a alguno de nosotros o a cualquier madre: '¿Qué quieres? ¿Quieres dinero? ¿Venganza? ¿Poner a los culpables en prisión? ¿O solo quieres ver a tu bebé?' Se me pone la piel de gallina porque sé lo que todas las madres quieren; es asegurarse de que sus bebés sepan que no fueron abandonados, y saber que están bien, que están sanos y son felices.

Cuando personas desinformadas aparecen en la televisión o quieren desacreditarnos intencionalmente, necesitan saber que no buscamos bienes materiales. Ni siquiera me importa si el Dr. Vela va a la cárcel en este momento, todo lo que me importa es saber la verdad. Quiero saber lo que pasó. ¿Quién es mi verdadera madre? ¿Dónde está ella? ¿Me parezco a ella? ¿Pienso como ella?

Eso es lo que pensamos. Esto es lo que queremos. ¿Por qué nos tienen tanto miedo? Porque no quieren que todos sus sucios secretos salgan a la luz.

En última instancia, pase lo que pase con el Dr. Vela, nuestra esperanza es que la atención a este caso, a este próximo juicio, sea tan generalizada que las víctimas en toda España tengan más posibilidades de que sus casos se vuelvan a abrir. Nuestra esperanza es que los fiscales no digan simplemente '*archivado*' cuando hay tantas pruebas y documentos falsificados, por la simple razón de que temen retaliaciones por parte de sus superiores al hacer públicos todos los crímenes que cometieron. Pero tantos en el poder han estado encubriendo esto durante tanto tiempo, tal vez esto sea solo un sueño o una falsa esperanza".

Nos despedimos de Inés, pero solo por el momento. Sin embargo, pronto la volveríamos a ver en circunstancias muy diferentes. La próxima vez sería en Madrid, el primer día del juicio del Dr. Vela. Y prometía ser tan caótico como significativo.

A continuación, el juicio comienza en Madrid y estamos allí para filmar los hechos a medida que se desarrollan.

Capítulo 9
INÉS MADRIGAL
PARTE II: El juicio

En los días previos al juicio del Dr. Vela, los medios de comunicación españoles, estaban en pleno frenesí. Los medios locales y nacionales, tanto periódicos, como revistas, así como la radio y la televisión con las noticias de última hora y los programas de entrevistas y de entretenimiento estaban alborotados incluso en Twitter, ya que planteaban preguntas abiertas para despertar la controversia y el interés de los espectadores. ¿Se presentará siquiera el ginecólogo jubilado de 85 años al juicio? ¿Se "hará el tonto" o el "viejo débil", como temían muchas víctimas? o ¿fingirá alguna dolencia en un astuto intento de ganarse el favor y la simpatía de los magistrados? ¿Llevará su abogado alguna negociación o acuerdo de "última hora" para evitar que Vela tome el estrado y sea interrogado?

Además del drama ya burbujeante, estaba el hecho de que su yerno es a la vez su abogado, y ya estaba preparando el terreno señalado a los medios de comunicación y al tribunal en audiencias preliminares que su suegro, su cliente, el acusado, no se "encontraba bien". De hecho, no estaban seguros de que su salud pudiera soportar esta "experiencia traumática" de subir al estrado. ¿Estaría el tribunal dispuesto a posponer el juicio?

Mientras tanto, la denunciante, Inés Madrigal y su abogado, Guillermo Peña, que rápidamente se estaba ganando una reputación como el "abogado de víctimas de robo de bebés", también estaban siendo cautelosos y prudentes en no tener muy altas las expectativas a medida que se acercaba el juicio. Esto no iba a ser fácil y el sistema judicial en España era complicado, le advirtió a un público quizás demasiado ansioso.

Aun así, mientras viajábamos por toda España, entrevistando a las víctimas en concentraciones en Sevilla, Valencia, Málaga, Barcelona y en nuestras reuniones con víctimas en San Sebastián y Bilbao, el ambiente era cautelosamente optimista. Quizás, solo quizás, este sería el caso, el juicio que finalmente expondría lo que los poderosos, la mafia, habían tratado de mantener en secreto durante décadas. Todos tuvieron cuidado de decir que esperaban lo mejor para Inés, pero muchos tampoco se avergonzaron de mencionar lo importante que sería obtener un veredicto de culpabilidad para ayudarlos a avanzar en sus propios casos de robo de bebés.

Finalmente, el primer día del juicio ya llegó. Nos dirigimos a Madrid y tuvimos la suerte de que nos concedieran acceso de prensa al juicio. En la práctica, esto significaba que podíamos deambular fuera de la sala del tribunal filmando las multitudes de víctimas y simpatizantes reunidos a solo unos metros de la puerta principal del tribunal y al mismo tiempo se nos permitía entrar a la "sala de prensa". Este último (sala de prensa) nos permitía filmar el juicio en tiempo real en un monitor de televisión de circuito cerrado. A excepción de las partes involucradas, los testigos y la familia inmediata, nadie más, salvo los jueces y los abogados, podía entrar a la sala del tribunal.

A pesar de que el primer día se llevó a cabo en una semana laboral y hacía un calor abrasador afuera, la multitud estaba animada y alborotada mientras un gran grupo policías y guardias civiles (1) fuertemente armados servían como barrera física entre la multitud y la sala del tribunal. También había varios vehículos blindados estacionados estratégicamente para evitar que la gente asaltara la sala del tribunal en caso de que estuvieran tan motivados para intentarlo.

Los medios de comunicación volaban como un enjambre de abejas y varias de las víctimas entre la multitud vistiendo

189

camisetas de colores brillantes que representan a sus asociaciones locales de bebés robados eran la miel. Sin embargo, de repente, como si un director de orquesta hubiera dado la señal, la multitud comenzó a levantarse lentamente a la vez en cuerpo y voz, alcanzando un tono en crescendo de energía y emoción. Afortunadamente, estábamos ubicados en varios puntos estratégicos para filmar y capturamos el momento. Era Inés, se dirigía a la entrada del juzgado y estaba saludando a la multitud y parecía como si todos estuvieran tratando de transferirle todas sus esperanzas, orgullo y fuerza para que lo que le esperaba dentro, mientras le aplaudían y le animaban.

Pero justo cuando este momento había alcanzado su punto culminante, cambió el tono repentina e inconfundiblemente. Vimos a algunos de los medios con sus grandes cámaras televisivas dirigiéndose rápidamente hacia el aparcamiento subterráneo mientras un sedán negro con vidrios polarizados se acercaba lentamente hacia su entrada. Todos corrimos hacia donde se acercaba el coche y pronto filmamos lo que había provocado el cambio de humor de la multitud. El auto transportaba al Dr. Vela y su esposa al juzgado. Mientras se acercaba, muchos de los presentes que se habían reunido justo arriba de la entrada en ambos lados comenzaron a señalar al coche y gritar, silbar, e insultar. Si hubiera sido un evento deportivo, estaba tan claro como el agua quién era el héroe del equipo local y quién era el enemigo visitante.

Nos abrimos paso dentro de las instalaciones del juzgado y, por un golpe de suerte, casi tropezamos con Inés cuando se dirigía a la sala del tribunal para dar su testimonio y responder preguntas de un panel de jueces casi exclusivamente femenino. Claramente emocionada, estaba feliz de vernos y le deseamos lo mejor.

Muy pronto comenzó el juicio. Inés compartió su historia y cómo llegó a acusar al Dr. Vela de falsificación de documentos públicos y de facilitar una adopción irregular, si no ilegal, de ella cuando nació. Los jueces le hicieron preguntas de antecedentes al igual que el yerno de Vela, su abogado. En el sistema judicial español, los jueces, no los abogados, son los buscadores de la verdad y los investigadores de los hechos, opuestamente a los abogados y jurados en la jurisprudencia estadounidense.

El consenso de los periodistas y los medios de comunicación reunidos en la sala de prensa era que Inés se veía lúcida, tranquila y decidida. Y honesta. A pesar de que algunos de la oposición intentaron incriminarla a ella y a todas las víctimas de simplemente crear una farsa para un esperado "día de pago" en el futuro, esta víctima al menos parecía simplemente querer saber la verdad y tenía toda la evidencia para respaldar sus afirmaciones.

Nuevamente, el humor de la multitud cambió, esta vez de la prensa reunida, cuando el acusado, el Dr. Vela, subió al estrado. Su equipo de defensa había elegido que llevara un suéter sobre los hombros, ya que se quejaba de tener escalofríos y parecía tener muchos problemas para hablar en un tono normal, solo susurraba sus respuestas, e incluso con un micrófono en su mesa apenas se le oía. Cuando los jueces le hicieron preguntas bastante básicas y de establecimiento, pronto se hizo evidente que una de dos cosas había sucedido en solo unos días desde su última aparición pública, donde parecía estar lúcido y vigoroso. Uno, de repente se había vuelto bastante débil y estaba luchando con sus facultades mentales que parecían eludirlo incluso en preguntas simples, o dos, estaba desempeñando un papel diseñado para provocar simpatía. Un ejemplo de este intercambio:

Juez: "Contrataba Ud. al personal de la Clínica San Ramón?"

Vela: "¿La qué? ¿Qué es?"

Juez: "Su clínica, Ud. tenía una clínica privada en San Ramón más de 15 años, ¿verdad?"

Vela: "Yo… no sé. No recuerdo."

Y así continuó. En un momento dado, le mostraron documentos con su firma y afirmó que no podía leer el nombre y luego negó que fuera su firma. Cuando le mostraron su firma en muchos documentos que había firmado a lo largo de los años sobre una variedad de temas, que coincidían exactamente con la firma en cuestión, simplemente volvió a decir que no sabía y que no podía decirlo. Por supuesto. Se quejó de la temperatura en la sala del tribunal.

En varios momentos pareció quedarse dormido o perder el conocimiento brevemente, y pareció despertarse con un sobresalto mientras respiraba en el micrófono y buscaba incluso las palabras más simples que parecían eludirlo por completo. En solo un lapso de 6 minutos, según nuestro recuento, el acusado dijo: "No sé" o formó estas palabras sin decirlas en voz alta más de 24 veces.

Sin embargo, quizás, el intercambio más irritable ocurrió entre uno de los jueces y una testigo confidencial del Dr. Vela. A esta testigo solo se le permitió ser mostrada en la cámara del juzgado del cuello hacia abajo para proteger su anonimato. A pesar de trabajar junto al Dr. Vela durante años, esta testigo no pareció recordar ninguna adopción ni haber visto a ningún bebé salir con otros padres como se describe en los documentos judiciales. El tribunal no pareció creerle del todo y la testigo se irritó y se puso a la defensiva.

Cuando el juicio tuvo un breve receso, salimos y realizamos entrevistas en la calle para evaluar el estado de ánimo de los allí presentes y anotar sus expectativas. Muchos querían ser positivos, pero la mayoría sintió que Vela simplemente mentiría y de alguna manera eludiría la justicia.

"Espero que se pudra en el infierno junto con Sor María", nos dijo enfáticamente una víctima.

Pronto se reanudó el juicio, aunque sin los fuegos artificiales de la sesión inaugural. Al final del día, se nos informó que el interrogatorio había terminado y se reanudaría al día siguiente. Una vez más salimos para intentar ver a los participantes antes de que salieran definitivamente del juzgado y de la zona de protesta. Los primeros en salir fueron las dos testigos de la defensa. Los medios se apresuraron hacia ellas y respondieron preguntas de manera desafiante y defensiva. Una de las escoltas de la primera testigo intentó abrir la puerta de su coche para transportar a la testigo y amonestó a la multitud: "mostrar un poco de respeto". De las muchas cosas que podría haber dicho, esta probablemente no fue la elección más sabia. La multitud solo se volvió más intensa, más apasionada y muy alborotada. Más tarde, cuando nuestro equipo de filmación comparó notas, todos compartimos el mismo temor en ese momento, que la policía estaba a punto de perder el control de la enfurecida multitud.

Pero, cuando varios maldijeron a la testigo y expresaron su frustración reprimida por lo que vieron como encarnaciones vivientes de la red o la mafia que habían robado y vendido a sus bebés y ahora estaban ayudando a encubrirlo todo, otra testigo emergió de la sala del tribunal, lo que provocó incluso mayor emoción de la multitud. Esta era el testigo confidencial, la colaboradora más cercana del Dr. Vela, quien de alguna manera no parecía ni siquiera estar al tanto del robo de bebés, adopciones ilegales o víctimas. Al menos no en sus 15 o más años de brindar asistencia médica al "buen doctor". Los medios de comunicación se mostraban escépticos sobre su postura. Mara pudo "interrogar" brevemente a la testigo:

Mara: "Entonces ¿nunca vio que se llevaran bebés?"
Testigo: "Nunca. ¿Qué está diciendo?"
Mara: "¿De verdad espera que la crean? ¿Todos esos años en la clínica y no recuerda ver nada?"
Testigo: "¡Paren, ya está bien de preguntas!"
Una vez más, la marea cambió, rápida y poderosamente.

Tal como había sucedido cuando llegó al garaje subterráneo, el estado de ánimo cambió cuando algunas personas que se habían encaramado sobre el garaje comenzaron a gritar que Vela estaba comenzando a salir. En solo unos segundos, la multitud había acorralado el garaje mientras la policía intentaba desesperadamente mantener un carril abierto para que el automóvil saliera y llegara a la carretera de acceso que se alejaba de las instalaciones del juzgado y la multitud.

Sin embargo, salir en su automóvil fue como enfrentar lentamente un guante de hostilidad, ira y resentimiento. "Ladrón" y "que te quemes en el infierno por toda la eternidad" fueron solo algunos de los sentimientos que gritaron al coche que se llevó a Vela. En un momento, varios golpearon el automóvil, mientras que nuevamente, la policía impidió que más hicieran algo peor. Tanto al exterior del coche como a Vela que estaba sentado impasible dentro.

Cuando la multitud comenzó a calmarse un poco, los volvimos a entrevistar y las emociones estaban en carne viva, las heridas abiertas aún no habían sanado. "La justicia es solo para los poderosos, no para nosotros", nos dijeron muchos. "Vela se marchará y no volverá jamás", pronosticó una víctima de Barcelona. (2)

Dirigimos nuestra cámara hacia la entrada de la sala del tribunal por última vez cuando Inés Madrigal y su abogado, Guillermo Peña, se acercaron a la multitud. Inés fue recibida como una heroína de guerra conquistadora que regresaba a sus compatriotas. Los aplausos, los abrazos, las lágrimas estaban a la vista cuando la multitud parecía abrazar colectivamente a Inés y todo lo que ella significaba para ellos y todo lo que representaba en ese momento.

¡Y este fue solo el primer día del juicio!

Antes de salir de la escena, comparamos notas con algunos de los periodistas que cubrían el juicio, incluida María José Esteso, a quien recordarán que entrevistamos y relatamos su opinión en el Capítulo 7. El consenso fue que el Dr. Vela no había hecho mucho para disputar los cargos en este primer día. Todos esperábamos que su equipo intentara alguna estratagema para retrasar cualquier tipo de veredicto de culpabilidad, que ahora parecía bastante posible.

Pronto, tuvimos nuestra respuesta.

El abogado de Vela solicitó que se aplazara el juicio debido al repentino empeoramiento de la condición física y la fragilidad general de su cliente.

Esta solicitud fue concedida.

Mientras tanto, nos dirigimos a Valencia para filmar una exhumación privada de un cliente de Enrique Vila que resultó ser realmente extraño. Este cliente no solo no encontró a ningún bebé robado en el ataúd que exhumaron, pero lo que sí encontraron fue un esqueleto bastante bien conservado y vestido con traje. El médico forense presente en el lugar estimó que tenía más de 125 años.

Si bien no podemos decir qué ocurrió en este caso, ya que los detalles siguen siendo bastante incompletos, podemos decir con absoluta certeza que la imagen que representó en nuestra película fue, en una palabra, impresionante.

Días después, y con el juicio aún retrasado por la aparente fragilidad del imputado, concertamos una entrevista de seguimiento en exclusiva con Inés Madrigal.

Ahora que la emoción y la ansiedad del día inicial del juicio habían disminuido, teníamos curiosidad por saber cómo se sentía, cuál fue su reacción ante todo el espectáculo.

Con *El Rey* (su amado gato), encaramado en el respaldo del sofá, con una indiferencia adormecida que todos los gatos parecen dominar de manera innata, comenzamos:

"Increíble. Soy muy ingenua porque al principio pensé que el primer día del juicio él, Vela, no se presentaría. Pensé que en realidad no tendríamos un juicio. Va a estar enfermo o va a tener algún accidente, algo pasará o surgirá y no sucederá. Entonces, le di las gracias cuando pasé junto a él en el pasillo de la sala del tribunal antes de que comenzara. Le di las gracias por venir, no respondió, pero me miró casi con sorpresa. Quiero decir, si no se presenta no hay juicio. Y al final de ese primer día, su abogado, su yerno, casi en un susurro a la juez principal, le preguntó si era posible que Vela no viniera al día siguiente. Ella le dijo que no, que tenía que presentarse, que él era el acusado y que estaba bien (físicamente) para estar sentado durante el juicio simplemente respondiendo preguntas.

El abogado, por supuesto, estaba preparando los motivos para que Vela no asistiera después por su 'fragilidad'.

Es una lástima también, porque cuando fue excusado el segundo día y el juicio se retrasó, no pudimos mostrar al tribunal por videoconferencia, a los periodistas franceses que habían filmado con cámara oculta al Dr. Vela admitiendo que había tomado y regalado bebés.

Entonces, era como un sueño, y pensé que (el juicio) realmente estaba sucediendo ese primer día. Estaba orgullosa de mí misma y sorprendida, supongo, porque no sentía ningún odio hacia él (Vela). Para mí era importante mantenerme neutral y tranquila. Fue impresionante la cantidad de medios de comunicación nacionales e internacionales que cubrieron el juicio. Me han dicho que periodistas de Australia, China, Japón, Europa, Estados Unidos y vuestro equipo, por supuesto, estuvieron allí y cubrieron el acontecimiento. Eso es importante porque ayuda a que todo el mundo sepa que aquí, en España, se robaron y vendieron bebés a otras familias y han intentado encubrirlo durante décadas.

Pero ahora, tenemos que ver qué sucede, ya que nos dicen que a Vela lo llevaron a una sala de emergencias después del primer día del juicio. Pero no han presentado ninguna información ni documentos que indiquen adónde fue ni por qué. De manera informal hemos escuchado que un amigo suyo, un médico, pudo haberlo visitado a su casa, pero aún no está claro.

Todo es una mentira, una farsa. Con suerte, se reanudará pronto".

Mara: "Si no se reanuda dentro de 30 días es cierto que hay que empezar de nuevo todo el proceso?"

Inés: "Sí, y eso sería terrible."

Mara: "Fueron sus respuestas en el juicio lo que pensabas que serían?"

Inés: "Sí, el abogado de Vela, como sabes es su yerno, ha hecho su trabajo muy bien. Ha seguido extendiendo el proceso y ha retrasado el inicio del juicio tanto como le ha sido posible. No me extrañaría que todos esperaran que él (Vela) muriera pronto para que su nombre no se manche, puesto que ya tienen sus riquezas porque ya las repartió para evitar la ley."

Greg: "¿Te sorprendió verlo en la sala del tribunal confinado a una silla de ruedas? Parece ser que en las imágenes recientes mostradas en la televisión podía caminar sin problemas. ¿Es esto lo que muchos pensaron que haría? ¿'hacerse el viejo inválido'?"

Inés: "Sí, estaba sorprendida, él camina bien. Hace unos años, cuando tuvo el careo con mi madre, estaba mucho más ágil y fuerte. Es cierto que ahora es un poco mayor pero, aun así yo pienso que todo estaba planeado para presentar esa imagen de él como un viejo endeble para dar pena y producir simpatía.

No sé si lo notasteis, pero cuando su parte hacía las preguntas, era claro, respondía sin problemas. Pero cuando mi abogado (Guillermo) le hacía incluso preguntas básicas o los jueces le preguntaban, él no sabía, no recordaba nada, estaba sufriendo un lapsus de memoria, apenas podía hablar en el micrófono. Todo un juego, lo hizo bien.

Cuando terminó de dar su declaración y responder a las preguntas planteadas, su hija le dio una palmada en la espalda y le dijo: 'Buen trabajo papá, tal como lo habíamos hablado'.

Para mí, estaba claro que todo estaba planeado y bien preparado. Es una persona astuta que todavía tiene claras facultades y sabe lo que está haciendo y lo que ha hecho a lo largo de los años. Vi a su familia negar con la cabeza durante el juicio, espero que al menos ahora tengan alguna duda y se pregunten si tal vez su padre hizo estas cosas horribles que tanta gente dice que hizo".

Greg: "Algunas víctimas nos han dicho que eres su heroína y te ven como la cara y la voz de la causa, mientras que otras dicen que este es solo un caso y no merece toda la atención de los medios. ¿Qué opinas?"

Inés: "Siento una gran responsabilidad, pero la acepto. Nos estamos preparando para llevar el caso a la Corte Suprema en caso de que, por alguna casualidad, Vela no sea declarado culpable. Estoy segura de que su abogado seguirá presionando para que los jueces digan que el caso ha prescrito, y apelará al tribunal más alto si es declarado culpable. Lo que quiero ver es que nuestra Corte Suprema acepte mi caso y todos los casos de víctimas para que se tome una decisión final, de una vez por todas.

Quiero que cada víctima de robo de bebé tenga la oportunidad que he tenido yo, que consiste en acusar al culpable en un tribunal y buscar la verdad y un remedio".

Mara: "Muchas víctimas de robo de bebés eligen no denunciar o no poner una denuncia en el juzgado como lo has hecho tú, ¿por qué cree que es esto?"

Inés: "Hay mucho miedo. Los padres temen contarles a los hijos adoptados lo que realmente sucedió porque no quieren perder a sus hijos ni quedar mal ante sus ojos. Otros, incluso extraños, les han dicho a las víctimas que fueron adoptados, pero cuando les preguntan a sus padres, son manipulados, los padres lloran, dicen que tales acusaciones no son ciertas o cómo se sienten heridos solo por mencionar el tema, y los acusan de ingratos. Muchos se detienen ahí.

Pero lo que no saben es que cuando un niño adoptado es apoyado por los padres y le ayudan en la búsqueda, entonces el vínculo entre ellos, y su amor crece. Como ocurrió en mi caso".

Greg: "¿Qué les dirías a las víctimas que tienen miedo de hablar y dar nombres? Algunos nos han dicho que temen ser demandados como Ascensión, por decir la verdad".

Inés: "Debes hablar, pero asegúrate de estar informado de lo que se puede o no se puede decir legalmente en público. Ascen se pronunció y afirmó que su tía, la monja, cometió delitos y, aunque tiene tanta evidencia, no presentó legalmente una denuncia de antemano y, por lo tanto, estaba expuesta a ser demandada por *calumnia*. Hizo sus declaraciones en la televisión nacional e incluso se publicó en Almería donde la monja es una figura pública. Pero lo que yo les diría a todas las víctimas es esto, cuando se presenta una denuncia en la oficina del fiscal, están diciendo: 'Miren, basado en todo lo que tengo, en todo lo que sé, esto es lo que sucedió'. No se puede señalar a alguien y hacer acusaciones sin pensar. No estás inventando cosas para llamar la atención. Este miedo, este silencio, va en contra de la causa, y lastima a todas las víctimas. Y eso es lo que quieren los que están en el poder, quieren que todas las víctimas tengan miedo y

199

permanezcan en silencio, que simplemente se vayan. Y no podemos hacer esto".

Mara: "Qué mensaje final les darías a los espectadores que miren este documental?"

Inés: "Les diría a todos, que por favor nos ayuden en esta lucha. Anímate y comparte tu historia, ya que muchos estadounidenses, es cierto, vinieron a España y se fueron con bebés. Algunos sabían que era ilegal, quizás muchos no lo sabían y confiaban en las monjas, los sacerdotes y los médicos y enfermeras.

También les diría que compartan con mucha gente lo que descubren mientras ven esta película, les quiero decir también que miren esta película porque necesitamos que el mundo sepa lo que sucedió aquí y que no sucedió solamente durante la dictadura. Hay casos de robo de bebés en los años 90 e incluso después aquí en España, y debemos presionar a nuestros líderes para que abran casos y procesen a los culpables, y que la iglesia abra sus archivos y conceda la verdad a la gente. Antes de que sea demasiado tarde".

Con *El Rey* todavía en la cumbre de su sofá, nos despedimos de Inés. En el epílogo de este libro, compartimos actualizaciones de su caso y del juicio del Dr. Vela tan recientes como el invierno del 2020.

En el próximo y último capítulo, miramos más de cerca lo que se ha convertido en una epidemia global de robo de bebés y trata de personas.

Capítulo 10
Robo de bebés: Un problema global

Una cosa está clara: Lo que comenzó como un castigo terminó convirtiéndose en un negocio muy lucrativo.

Como recordará, al comienzo de este libro presentamos el plan eugenésico de inspiración nazi en el que se basó el régimen de Franco para castigar a los enemigos supervivientes o presuntos simpatizantes de la Republica al final de la Guerra Civil española y evitar que la próxima generación llevara el llamado "gen rojo". Desde el principio, las víctimas nos contaron historias de una mafia generalizada, compuesta por médicos, enfermeras, monjas, sacerdotes y otros traficantes de bebés. Todos ellos formaban parte de una funesta red criminal que les quitaba los bebés recién nacidos a sus madres, los vendía a "familias adecuadas" y luego utilizaba el engaño y el fraude para encubrir sus delitos.

Como señalamos, al igual que los expertos del capítulo 7, como María José Esteso y Francisco González de Tena, cuando España comenzaba a abrirse hacia el oeste, como parte de una iniciativa comercial para reconstruir su economía, esta mafia puso su punto de mira en un producto que le traería aún más beneficios. El resultado fue una expansión en este robo y contrabando de bebés en el mercado negro. Llegaron clientes de todo el mundo para llevarse bebés de España a partir de la década de los 50 en adelante, y lo hicieron con total impunidad. Con el estado y la iglesia tan estrechamente alineados en esta empresa, esta "alianza sacrílega" operó al unísono para robar bebés y venderlos para adopciones ilegales, explotando una demanda global con una oferta de bebés españoles recién nacidos. Los bebés se vendían tanto dentro de España como de contrabando en el extranjero a lugares como Estados Unidos, Puerto Rico, México, Chile, Argentina y en toda Europa Occidental donde la demanda era alta.

Lo que también es triste, pero igualmente claro, es que España está lejos de ser la única nación donde durante décadas se produjeron robos y ventas desenfrenadas de bebés. De hecho, este "mercado negro de bebés" global es un negocio ilegal en auge en todo el mundo. Se estima que anualmente hay 35,8 millones de víctimas de trata de personas en todo el mundo. De esta cifra, casi el 70% de estas víctimas son menores de 18 años, con estimaciones que oscilan entre el 10% y el 30% de ellas entre la edad de un bebé recién nacido y los cuatro años. El precio promedio de un ser humano en estos días es de aproximadamente $90 con nuevas víctimas que ocurren a una tasa de una cada 30 segundos a nivel mundial. La industria del robo y tráfico ilegal de personas ya sea para adopciones ilegales, comercio sexual o trabajo forzoso, es enorme. La Organización Internacional del Trabajo estima que solamente el trabajo forzoso infantil ya representa entre $150-200 mil millones anuales, más que el PIB (Producto Interior Bruto) total del 25% de los países miembros de las Naciones Unidas. (1)

Informes de la ONU sobre la creciente epidemia

El Centro de Información Regional de las Naciones Unidas (UNRIC) informa que en el 2017 hubo al menos 75.000-100.000 bebés recién nacidos robados solo en la región europea y luego vendidos a orfanatos que a continuación los catalogaron como "abandonados", de "padres desconocidos" o vendidos directamente a familias con documentos falsificados. En muchos casos, al igual que en España, esto lo facilitaron los gobiernos de origen donde los bebés fueron robados y donde el personal hospitalario trabajaba con una supervisión mínima o nula.

El UNRIC informa también que de los 1,2 millones de bebés/niños muy pequeños que se trafican cada año, solo se condena a una persona por un delito relacionado con este robo y venta de bebés por cada 1.000 bebés/niños pequeños traficados o transportados por la fuerza e involuntariamente.

Por lo tanto, no solo está floreciendo el negocio en lo que respecta al robo y la trata de bebés y niños, sino que también parece haber relativamente poco riesgo de consecuencias personales al participar en esta empresa criminal en auge.

La Oficina de las Naciones Unidas contra la Droga y el Delito (UNODC) también tiene noticias aleccionadoras en términos de quién está participando más activamente. UNODC informa que el 80% de las personas involucradas en el tráfico ilegal de personas, el robo y la venta de bebés hasta jóvenes adultos son mujeres, y muchas de ellas ocupan cargos en la profesión de trabajo social y asistencial, e incluyen enfermeras, médicos, monjas, trabajadores sociales y personal de orfanatos. No es de extrañar que tantas de las víctimas con las que hablamos sintieran que debe haber algún "manual" o "libro de instrucciones" que todos los involucrados usan, ya que sus métodos son muy similares, sin importar en qué parte del mundo se lleve a cabo.

A nivel de estado-nación, algunas naciones y regiones parecen especialmente más vulnerables y en riesgo. La Organización No Gubernamental (ONG) *Bachpan Bachao Andolan* (movimiento de protección y derechos de los niños) informa que hay más de 100.000 bebés y niños indios robados y apropiados cada año o aproximadamente 15 por hora de cada día en algún lugar de la India. Parece que Nueva Delhi es el "mercado de bebés" más atrevido abiertamente donde el activista Bhuwan Ribhu sostiene que el "precio actual" de un bebé está entre $ 4.000 y $ 6.000 con precios que superan los $ 8.000, especialmente si el destino es Europa Occidental o los Estados Unidos.

Países como Serbia y Guatemala continúan siendo el blanco de las redes criminales de robo de bebés y niños. Guatemala sigue ocupando el primer o segundo lugar a nivel mundial en cuanto a la proporción de sus bebés recién nacidos expropiados y muchos adoptados ilegalmente a residentes de los Estados Unidos. Mientras tanto, Serbia estima que pierde entre 20 y 30 bebés cada mes debido al tráfico ilegal de bebés.

Según el fiscal guatemalteco Erick Cárdenas, los bebés y niños guatemaltecos son robados tanto para la adopción ilegal como para la creciente demanda de órganos en el mercado negro. En Guatemala, Cárdenas explica que existe una red muy sofisticada de médicos, enfermeras y personal que colaboran para robar y vender bebés a nivel internacional. Y a pesar de ser parte del Convenio Internacional sobre la Trata de Niños de 2017, las leyes nacionales y el sistema judicial de Guatemala son "complejos" con "penas bajas" en esta área delictiva.

Debido a la política de hijo único impuesta por el estado, China es un exportador principal de bebés no deseados y abandonados, y la mayoría de estos bebés son adoptados ilegalmente por padres con sede en EE. UU. Recientemente, las autoridades chinas disolvieron lo que dicen que es la red criminal de robo y venta de bebés más amplia del mundo en el este de China con casi 500 personas arrestadas y detenidas como parte de esta empresa.

Durante nuestra filmación en la concentración de bebés robados en Sevilla, se nos acercó un caballero argentino que nos dijo que apoyaba la causa porque sabía que su país, Argentina, había sufrido un pasado muy similar.

En efecto. Al igual que España, Argentina sufrió el robo de bebés y adopciones ilegales y forzadas. Ellos utilizan el término *apropiación* de bebés por el estado. Al igual que el régimen de Franco, la dictadura militar de Argentina durante la llamada "Guerra Sucia" de 1976-1983, castigó a miles de disidentes con torturas, ejecuciones o "desapariciones" inexplicables. Y así como

Franco y Vallejo-Nágera adaptaron la eugenesia para justificar su brutalidad de las mujeres republicanas para erradicar la "semilla roja", los dictadores argentinos ordenaron la separación sistemática y el robo de los bebés nacidos de conocidos o presuntos "subversivos". Afirmaron que esto aseguraría que una "nueva generación de subversivos no se alzaría y pondría a riesgo su poder" (https://cnn.com/2012/07/05/world/americas/argentina-baby-theft-trial/index.html).

Aunque ciertamente no es el único grupo de derechos humanos ni representa a todas las víctimas, las *Abuelas de Plaza de Mayo*, es una importante y significativa organización activista que ha hecho una verdadera contribución al decirle la verdad al poder. Fundada por las abuelas que buscaban a sus hijos y nietos en 1977, para ayudar a todas las víctimas a encontrar a sus bebés y familiares y garantizar la justicia, las *Abuelas* también han ayudado a marcar el camino para ayudar a documentar y reunir con sus familias a muchos bebés apropiados. Desde la creación de un banco nacional de datos genéticos de ADN en 1987 para ayudar a encontrar a los niños, 130 de los aproximadamente 500 niños apropiados por la dictadura argentina se han reunido con su familia biológica. En 2011, las *Abuelas* fueron honradas con el premio de la paz Felix Houphouet-Boigney en París, Francia, por sus esfuerzos en la lucha contra el problema argentino de apropiación de bebés (https://unesco.org/new/en/member-states/single-view/news/grandmothers_of_the_plaza_de_mayo_receive_felix_houphouet_b/). (5)

Otras naciones como Irlanda, que también han sufrido décadas de robo de bebés, adopciones ilegales e incluso infanticidio, reflejan una historia aún más siniestra en este tema. La experiencia irlandesa, que se remonta a finales de la década de 1940 y principios de 1950, parece una de prácticas abusivas y explotadoras profundamente arraigadas en la Iglesia Católica, junto con otra "alianza sacrílega" de enfermeras, médicos y orfanatos, que trabajan en estrecha colaboración para robar y vender bebés, y luego engañar a las madres y encubrir las pruebas. *The Irish Examiner* (periódico irlandés) estima que entre 50.000 y 100.000 bebés y niños irlandeses fueron abusados sexual y físicamente. Se produjeron miles de adopciones forzadas y coercitivas y robos contundentes con fines de lucro. Solamente en Tuam, Irlanda, casi 800 bebés murieron en un orfanato dirigido por una organización católica a mediados de la década de 1950 y fueron enterrados en una fosa común sin nombres. Otros lugares como *Sean Ross Mother and Baby Home* en Roscrea, Irlanda, tuvieron una tasa de infanticidio del 50% de bebés ilegítimos nacidos allí, y en un año se llegaron a asesinar a 60 de 120 bebés recién nacidos y docenas de otros fueron vendidos al mejor postor. [*Véase* (https://irishexaminer.com/viewpoints/columnists/victoria -white/irelands-generation-of-stolen-children-deserve-to-know-who-they-are-248731.html)]

Como se relata en el informe especial del *NY Times*, "The Lost Children of Tuam" (Los niños perdidos de Tuam), los entierros de bebés y niños muertos eran tan frecuentes "que el campo cerca del orfanato estaba completamente despojado de hierba de tanto cavar tumbas para enterrar a los muertos". [*Véase en parte* (https://irishexaminer.com/viewpoints/columnists/victoria-white /irelands-generation-of-stolen-children-deserve-to-know-who-they-are-248731.html)]

Recientemente, en parte debido a la continua defensa y la aclamación y publicidad mundial de la película *Philomena* que documentó tan descarado abuso, robo y asesinato de bebés irlandeses, el Papa Francisco hizo una peregrinación histórica a Irlanda. Allí, ofreció una disculpa formal a todas las víctimas y sus familias en nombre de la Iglesia Católica. El Papa afirmó que "Pedimos perdón por aquellos miembros de la jerarquía (de la iglesia) que no se responsabilizaron de esta dolorosa situación y se quedaron callados". El Papa prosiguió pidiendo: "Que el Señor mantenga este estado de vergüenza y compunción y nos dé fuerzas para que esto no vuelva a suceder nunca y que haya justicia" (https://apnews.com/36b31ae6dfc34cb).

Tanto las víctimas como los defensores en España señalan esta disculpa formal, así como una cooperación más abierta de la iglesia para ayudar a las víctimas irlandesas a descubrir la verdad debe ser el "modelo" que la Iglesia Católica debería aplicar también a toda España.

EE. UU. como principal consumidor de bebés robados

Al otro lado del Océano Atlántico, Estados Unidos no solo ha sido históricamente el principal destino de adopciones ilegales del mundo. También ha tenido su propio pasado participando en esta empresa criminal. Quizás, su perpetrador más notorio es la Sra. Georgia Tann, quien dirigió *Tennessee Children's Home Society* (Sociedad de Hogares para Niños de Tennessee) entre 1924-1950.

Este "Hogar" era simplemente una tapadera para su red criminal que se aprovechaba de madres solteras, pobres y sin hogar que ella (Tann) luego, a través del engaño, la coerción o el robo rotundo, tomaría a su bebé y lo vendería a los mejores postores en ciudades como Los Ángeles o Nueva York. Contrataba a mujeres para que hicieran el papel de enfermeras pero que, en realidad, simplemente actuaban como intermediarias para alinear a los compradores de los bebés robados y falsificar el papeleo. Tann incluso ponía anuncios en los periódicos ofreciendo ayuda a las madres solteras de bajos recursos. Cuando respondían a su anuncio, las reubicaba en su "Hogar" de Tennessee y luego coordinaba el parto y el nacimiento del bebé con el posterior robo y venta. Finalmente, en 1950, pocos días después de haber sido expuesta, Tann murió repentinamente de cáncer. Muchos críticos y conocidos expresaron escepticismo, afirmando que ella era una mujer fuerte y sana y no tenían idea de que ella (Tann) hubiera estado enferma ni un día de su vida. (Para más información véase el libro de Barbara Bisantz *The baby Thief*) (2)

A pesar de esta explotación histórica y contemporánea y la trata de bebés y niños en todo el mundo, no es que no existan leyes internacionales para prevenir y castigar estos delitos. Simplemente parece que estas leyes se ignoran deliberadamente.

Las leyes internacionales contra la sustracción ilegal y la adopción de niños

Remontándonos a 1924 con la Declaración de Ginebra de los Derechos del Niño, la Convención de La Haya de 1933 sobre la Protección de los Niños y la Cooperación en Materia de Adopciones Internacionales y la Declaración Universal de Derechos Humanos de 1948, así como la Declaración de los Derechos del Niño de 1958, la comunidad internacional ha reconocido que, al menos desde una perspectiva de aspiraciones, la protección de los derechos y la seguridad de todos los niños debe ser una de las principales prioridades de un mundo civilizado. Sin embargo, declarar algo vital o incluso universalmente reconocido no es lo mismo que eliminar la amenaza a la existencia misma de lo que está siendo universalmente reconocido. De lo contrario, las declaraciones aspiracionales serían simplemente declaraciones de la realidad, que, lamentablemente, no lo son (https://ohchr.org/en/profes sionalinterest/pages/crc.aspx).

En 1980, los líderes mundiales intentaron fortalecer esta protección a través del Convenio de La Haya de 1980 sobre los aspectos civiles de la sustracción internacional de menores. Firmada por 99 naciones, esta Convención pedía la pronta devolución de los bebés robados a sus padres biológicos, así como la necesidad de combatir los casos conocidos de sustracción ilegal de niños por parte de los padres en casos de conflicto de derechos de custodia. Esta Convención también intentó armonizar las leyes internas de sus países signatarios para brindar más uniformidad y certeza contra los delitos contra los niños. Se le atribuyó al menos parcialmente el mérito de ayudar a endurecer las penas contra una red de tráfico y robo de bebés bastante extensa y rentable descubierta por la policía italiana en 1984 en Marsala, Italia. (https://hcch.net/en/instruments/conventions/specialised-sections/child-abduction).

La Convención de las Naciones Unidas sobre los Derechos del Niño

Sin embargo, el principal tratado legal que intenta abordar la amplia gama de cuestiones económicas, penales, políticas, civiles, culturales y sociales que rodean el robo de bebés y niños y la posterior venta y explotación por parte de terceros es la Convención de las Naciones Unidas sobre los Derechos del Niño (UNCRC). Esta fue adoptada en 1989 y ahora está firmada y ratificada por todos los estados miembros de la ONU, excepto Somalia, Sudán del Sur y Estados Unidos (https://ohchr.org /en/professionalinterest/pages/crc.aspx).

La Convención de las Naciones Unidas sobre los Derechos del Niño, jurídicamente vinculante para todos sus signatarios, se aplica a todos los niños menores de 18 años (o la mayoría de edad del estado signatario si es menor) [Artículo I] y exige que "en todas las acciones relativas a los niños, el mejor interés del niño será la consideración principal" y además, "que todos los estados garanticen al niño la protección y el cuidado necesarios para su bienestar" [Artículo 3] (https://ohchr.org/en/professionalinterest/ pages/).

Quizás, lo que es más relevante para el robo de bebés, la UNCRC establece en los artículos 7 y 8 que "Todo niño tiene derecho a ser registrado inmediatamente después de su nacimiento y a tener un nombre, el derecho a adquirir una nacionalidad y a preservar su identidad. y, en la medida de lo posible, el derecho a conocer a sus padres biológicos y a ser cuidados por ellos".

El artículo 35 de la UNCRC insta a las autoridades nacionales a tomar todas y cada una de las medidas para "proteger a los niños contra el secuestro, la venta de niños o la trata de niños", mientras que el artículo 34 insta a la prevención de "todas las formas de explotación y abuso sexual de niños" (https://ohchr.org/en/professionalinterest/pages).

Sin embargo, el problema persiste y según algunos expertos muestra signos de fortalecimiento, no de debilitamiento. Recientemente, la Comisión Europea de Derechos Humanos declaró que (la CE) "se opone a la actual transformación de las adopciones internacionales en nada menos que un mercado de bebés y condena rotundamente la continua y generalizada falsificación de documentos parentales por parte de muchas naciones de origen y destino" (https://ohchr.org/en/issues/children/pages/illegaladoptions.aspx).

La Comisión Especial de Derechos Humanos del Niño (CE) pidió una "prohibición total de las adopciones privadas e independientes", y señaló que el aumento continuo de las adopciones privadas y no reguladas y, en algunos casos (Reino Unido-Irlanda), incluso de agencias acreditadas la participación ilegal está "demostrando ser resistente a la eliminación y sigue siendo destructiva y corrosiva" (https://ohchr.org/Documents/Issues/Children/Illegaladoptions/Statement.pdf).

¿Funcionan las leyes internacionales?

Uno de los temas recurrentes que escuchamos durante nuestro rodaje en España fue que, además de que España necesita hacer algo para abordar completamente el robo de bebés y hacer las cosas bien para todas sus víctimas, también debe haber un esfuerzo mucho más coordinado de la comunidad internacional para aprovechar o presionar a naciones como España para que tomen medidas agresivas.

Pero ¿cuán efectivos son los llamamientos internacionales para prohibir las adopciones ilegales o incluso la condena mundial de las atrocidades del estado-nación y las violaciones de los derechos humanos como el robo de bebés con fines de lucro? En otras palabras, sin sanciones o recompensas específicas, naciones como España ni siquiera prestan atención a tales súplicas globales, por más sinceras y apasionadas que sean.

La realidad hasta ahora parece ser que, por cada Argentina, posiblemente un ejemplo de justicia imperante a pesar de una lucha de casi cuarenta años, quedan naciones como España. Naciones que parecen seguir rechazando en gran medida o al menos resistiéndose firmemente a tales llamadas internacionales para resolver su problema interno de robo de bebés de aproximadamente 300.000 o más de sus ciudadanos.

La negativa de España a aceptar las recomendaciones internacionales

Entre el 2014 y 2018, los miembros de la Comisión de Peticiones del Parlamento Europeo, en respuesta a una serie de peticiones de individuos y organizaciones para investigar el problema continuo de los bebés robados en España, formaron varios grupos de trabajo. Luego viajaron directamente a España para recopilar hechos, entrevistar a testigos y funcionarios y para escuchar y revisar los presuntos delitos. Además, el Grupo de Trabajo de las Naciones Unidas sobre Desapariciones Forzadas e Involuntarias y el Relator Especial sobre la Promoción de la Verdad, Justicia, Reparación y Garantías de No Repetición junto con la presidenta de la Comisión de Peticiones del Parlamento Europeo Jude-Kirton Darling, han instado a España a abordar este problema continuo. Más cerca de casa, activistas como Soledad Luque también instan a los líderes españoles de todas las tendencias políticas a hacer lo correcto, cooperar y respetar sus obligaciones internacionales en materia de derechos humanos.

En parte, estas y otras organizaciones internacionales, líderes y defensores continúan instando a España a crear un banco nacional de ADN (similar al de Argentina) para ayudar a localizar y reunir a los bebés desaparecidos (ahora adultos) con los miembros sobrevivientes de su familia biológica. El Comité de las Naciones Unidas contra las Desapariciones Forzadas también instó a España a adoptar las disposiciones de la Convención Internacional para la protección de todas las personas (incluidos los niños y los bebés) contra las desapariciones forzadas en sus leyes internas y les instó a que lo hicieran de inmediato (http://europarl.europa.eu/news/en/press-room/).

Hasta la fecha, España se ha negado a adoptar las disposiciones de la Convención Internacional mencionadas anteriormente o la creación de un banco nacional de ADN. En la actualidad, si una víctima tiene sospechas sobre su origen biológico y desea buscar familiares mediante cotejos de ADN, debe hacerlo solo a través de laboratorios de ADN de propiedad y operación privadas en España, de las cuales el principal laboratorio es propiedad y está dirigido por miembros del Opus Dei.

En consecuencia, muchas víctimas han manifestado su escepticismo y desconfianza ante los posibles hallazgos de ADN en este u otros laboratorios españoles de gestión privada. Como resultado, muchas víctimas se ven obligadas a seguir caminos a menudo más costosos e inconvenientes fuera de España para en la medida de lo posible encontrar coincidencias de ADN. No tener un banco de ADN centralizado en España para buscar los "aciertos" más probables hace que el proceso sea como "buscar una aguja de ADN en un pajar". (3)

El Parlamento Europeo vuelve a instar a España a actuar

En el 2018, la Comisión de Peticiones del PE, al señalar la relativa falta de esfuerzo formal del gobierno español para responder a las recomendaciones anteriores de la comisión, pidió una vez más a España que aborde este problema haciendo lo siguiente:

1. Crear un banco nacional de ADN para facilitar los controles de identidad y posibles coincidencias y ofrecer pruebas de ADN gratuitas a las presuntas víctimas.

2. Nombrar un fiscal especial a nivel nacional dedicado a investigar y procesar todos los presuntos secuestros de bebés y adopciones ilegales.

3. Tomar las medidas necesarias para garantizar el pleno acceso a todos los registros civiles, documentos, informes de nacimientos de hospitales y archivos de la iglesia a todas las presuntas víctimas.

4. Proporcionar fondos para apoyo psicológico y legal y toda asistencia relacionada a las presuntas víctimas. (http://europarl.europa.eu/news/en/press-room/20171121IPR88 505/stolen-babies-meps-urge-spain-to-solve-all-alleged-cases).

Sin embargo, a pesar de que funcionarios españoles como el ministro de Justicia Rafael Catalá (2016) admitieron que esto (bebés víctimas del robo y su búsqueda) "es un genuino drama personal y social" y reiteraron el compromiso del gobierno de cooperar con la comunidad mundial para el acceso abierto de información e investigaciones, hasta la fecha España no ha adoptado plenamente ninguna de las recomendaciones e instancias del Comité (https://elpais.com/elpais/2017/06/07/ inenglish/1496830014_713027.html).

En el documental, la presidenta de esta importante Comisión (Comisión de Peticiones del PE) habló con nosotros y compartió la frustración de muchas víctimas con este lento proceso y la casi inexistente voluntad de España para actuar. La presidenta Jude Kirton-Darling (Reino Unido) hizo la analogía de que "muchas víctimas se sienten como si fueran el balón en un partido de fútbol político, que los políticos las patean de un lado a otro, pero nunca logran ese gol, nunca logran la verdadera justicia".

Ella presenta un argumento importante. Sólo durante los años de la Administración de Rodríguez Zapatero (2004-2010) del PSOE (Partido Socialista Obrero español), aunque sea modestamente, se avanzó en el tema de Memoria Histórica. A las víctimas de la dictadura se les permitió conseguir órdenes de exhumación judicial y privada, y bajo el amplio paraguas de la reforma de la Memoria Histórica relacionada con las víctimas de la Guerra Civil Española se incluyeron más tarde también a las presuntas víctimas de robo de bebés. Además, se promulgaron algunas iniciativas en gran parte simbólicas que reconocieron de manera legalmente no vinculante a las presuntas víctimas de robo de bebés y su lucha por la justicia.

Sin embargo, la financiación real de elementos tangibles como el banco nacional de ADN mencionado anteriormente o las investigaciones y los procesamientos subvencionados siguen siendo solo eso, en gran parte simbólicos. Hasta que, o si, la Ley de Amnistía de 1977 sea derogada o al menos reformada, activistas como María Garzón siguen siendo muy escépticos de que investigaciones o juicios que terminen en condena por crímenes durante el franquismo se hagan realidad alguna vez. Muchos siguen convencidos de que los funcionarios españoles no tienen ningún deseo de emprender una acción legislativa como la que la comunidad internacional sigue instándolos a emprender. (http://europarl.europa.eu/cmsdata/137380/1141947EN)

Ciertamente, para muchas víctimas de robo de bebés y adopciones forzadas, la verdad y la justicia siguen siendo tan esquivas como el evitar que el día se convierta en noche. En

España, está cada vez más claro que solo a través de cambios y acciones políticas serias puede terminar esta pesadilla. Recientemente, con el cambio de gobierno a nivel nacional y el ascenso una vez más del PSOE después de años de dominio casi ininterrumpido por parte de la dirección ultraderechista del PP, algunas víctimas tienen la esperanza de que se produzcan reformas. Se sienten optimistas de que el nuevo gobierno les ayudará a descubrir finalmente su verdad y conseguir justicia.

Sin embargo, muchas otras víctimas siguen teniendo dudas. Ven que el tiempo sigue pasando y piensan que el Gobierno simplemente está retardando al máximo posible hacer algo para ayudarles con la esperanza de que muchas no vivan lo suficiente para continuar la lucha. A pesar de su muerte en 1975, el dictador Franco sigue arrojando una gran sombra de duda y temor sobre muchas víctimas que saben que las raíces de la dictadura siguen siendo profundas. Especialmente, entre los líderes ultraconservadores de extrema derecha, que son vistos como los descendientes directos del franquismo. El cambio, si es que llega a España, no será ni fácil ni rápido.

Algunas buenas noticias en el horizonte

A nivel mundial, la buena noticia parece ser que hay una mayor conciencia y reconocimiento de las muchas atrocidades cometidas contra bebés y niños, y la necesidad de desarrollar protecciones globales aún mayores para esta población tan vulnerable. Cualquiera que sea la razón, ya sea ideológica, política o simplemente por codicia, estos actos inmorales e ilegales se enfrentan a un creciente cuerpo de leyes internacionales y casos que condenan ese comportamiento y buscan fortalecer las sanciones en su contra.

Sin embargo, lamentablemente, persiste el principio básico de la economía. Donde hay demanda, en algún lugar, habrá una oferta para satisfacer esa demanda. Se acordará un precio y se llevará a

215

cabo una transacción. Solo cuando exista un desincentivo tan abrumador para que se produzca este intercambio, dejará de existir tal empresa criminal.

Como el Papa Francisco nos recuerda a todos, "No olvidar nunca la vergüenza de que se produzcan tales actos contra los más vulnerables entre nosotros es el primer paso hacia una solución duradera". (4)

Pero las víctimas quieren hacer más que nunca olvidar. Quieren dar ese paso. Los derechos humanos básicos y la justicia exigen que no den ese paso solos. España debe abrazar a estas víctimas, admitir décadas de irregularidades y enfrentar su oscuro pasado de robo de bebés, fraude y engaño sistémicos. Solo enfrentando su pasado, responsabilizando a los culpables y despejando el camino de obstáculos innecesarios para quienes buscan, todas las víctimas, todos los *bebés robados* y sus seres queridos, finalmente tendrán una oportunidad justa de encontrar la verdad, la justicia y la reconciliación. Antes de que sea demasiado tarde.

Epílogo

Cuando comenzamos este viaje juntos en el *Prólogo*, compartimos cuántas víctimas describen la red de robo de bebés que plagó a España durante décadas simplemente como la mafia. Entonces y ahora, muchas víctimas dudan hablar en público sobre su difícil situación. Temen las represalias gubernamentales por parte de aquellos en el poder que buscan suprimir la verdad y mantener muertos y enterrados los secretos del oscuro pasado de España. Saben demasiado bien lo que han soportado las víctimas como **Ascensión** por infringir las leyes españolas, que parecen claramente diseñadas para proteger a los poderosos en lugar de ayudar a los necesitados, armados o no con pruebas.

Algunas víctimas de robo de bebés han dejado de hablar sobre los crímenes que se cometieron contra ellas no por miedo sino por desconfianza e incredulidad. Simplemente no confían en que su gobierno, jueces, fiscales, políticos, médicos, enfermeras, monjas y sacerdotes simplemente hagan lo correcto. Han aprendido por las malas a lo largo de los años que instituciones poderosas como la Iglesia Católica en España y el Vaticano parecen pensar que tienen más que perder si se sinceran y abren sus archivos de adopción y nacimiento de lo que tienen que ganar ayudando a tantas víctimas que buscan seres queridos y su verdadera ascendencia. No creen que las cosas vayan a cambiar jamás.

Entonces, algunos simplemente han parado. Su esperanza se ha desvanecido, si no ha desaparecido por completo.

Demasiados casos a penas abiertos se archivan a pesar de la evidencia presentada… demasiados documentos falsificados que encubrieron inteligentemente los crímenes e hicieron casi imposible rastrear la verdad. Se derramaron demasiadas lágrimas, se hicieron demasiadas promesas y se rompieron muchas promesas. Demasiados años de rezos y súplicas sin respuesta.

Uno de los sentimientos más recurrentes que seguimos escuchando mientras filmamos fue la creencia generalizada de que los que están en el poder en España, muchos de los cuales son descendientes políticos y biológicos del franquismo, simplemente están decididos a "esperar" que las víctimas se cansen, o hasta que simplemente estén demasiado viejas para luchar más. "Quieren que simplemente nos vayamos, que nos muramos, para que nunca sepamos la verdad ni nos podamos reunir con nuestros seres queridos", nos dijeron muchas víctimas.

Los que están en el poder, ya sean funcionarios electos a los que entrevistamos o fiscales y jueces que se negaron a comentar sobre el tema públicamente, ambos comparten una cierta visión del mundo cuando se trata de víctimas de bebés robados. Es algo parecido a esto; "Nuestras manos están atadas. La ley de amnistía nos impide juzgar delitos del pasado. No hay fondos para hacer lo que las víctimas quieren, como establecer un laboratorio nacional de ADN. No es culpa nuestra".

Para empeorar las cosas, a medida que aumentaba el número de víctimas de robo de bebés que se daban a conocer, también lo hacían ciertos "expertos" que intentaban desacreditarlas, descartarlas a todas como meramente involucradas en algún tipo de estafa, y que solo tenían como objetivo obtener dinero.

Por supuesto, nada podría estar más lejos de la verdad. Si había otro sentimiento generalizado compartido por las víctimas que entrevistamos dentro y fuera de las cámaras, era una total indiferencia y desinterés por recibir una compensación por su pérdida. Lo que buscan no son bienes materiales ni dinero. Simplemente anhelan lo que muchos de nosotros damos por hecho todos los días, y tal vez no valoramos lo suficiente. El simple roce, la proximidad, el cariño de nuestros seres queridos. La capacidad de decirle "te quiero" a una madre, un padre, una hermana, un hermano, una hija, un hijo.

Para muchos, como **Lidia**, este anhelo, este vacío prolongado, es insoportable.

Sin embargo, todavía muchos continúan buscando.

Y para algunos, esta persistencia, incluso frente a probabilidades increíbles, está dando sus frutos.

Las pruebas de ADN y la mayor precisión y facilidad de acceso que representa dicha tecnología han permitido a algunos encontrar su verdadera ascendencia y reunirse con miembros de la familia que nunca sabían, ni podrían haber soñado, que existían.

Recordará en el Capítulo 3 cómo **Mercedes** y su hija **María José**, por ejemplo, fueron confirmadas como madre e hija a través del cotejo de ADN a pesar de lo que Mercedes alega fue un fraude total por parte de un laboratorio de genética en España. Y este está lejos de ser el único caso en el que las víctimas alegan fraude y engaño por parte de laboratorios de ADN españoles.

La lección aquí para muchas víctimas no es someterse o confiar en las pruebas de ADN en España, sino buscar laboratorios de ADN privados en el extranjero. Las víctimas siguen convencidas de que los laboratorios de ADN en España, especialmente los grandes, del Opus Dei o afiliados a la Iglesia, no son de confianza ni fiables. Hay demasiados casos como el de Mercedes, a quien le dijeron erróneamente que sus pruebas eran negativas u otros a los que les dijeron que aún no había coincidencias cuando en laboratorios extranjeros, como *23andMe*, encontraron compatibilidad. "No es una coincidencia", nos dijo una víctima, "esta es solo otra forma de engañarnos y mantener la verdad oculta".

La presión internacional de organizaciones como las Naciones Unidas o el Parlamento Europeo y sus grupos de trabajo y comités dirigidos por presidentes como **Jude Kirton-Darling** (Reino

Unido) sigue siendo una herramienta importante para tratar de convencer a España de que se comprometa a ayudar a las víctimas de robo de bebés. Esto, dicen estos grupos, se puede lograr, tanto cumpliendo sus compromisos internacionales actuales como reformando sus leyes nacionales para ayudar a todas las víctimas a encontrar la verdad que buscan. El establecimiento de una unidad de investigación especial con policías, fiscales, investigadores y psiquiatras especializados, como han hecho otras naciones con problemas similares, ciertamente también se puede hacer en España.

Pero debe existir voluntad política. Debe existir el deseo de confrontar el pasado oscuro y abrazar la verdad, donde quiera que esa verdad nos lleve.

Hasta ahora, España ha mostrado, en el mejor de los casos, una disposición mínima a hacer lo que es justo y razonable.

Por supuesto, como se ha dejado claro en este libro, España está lejos de estar sola en su continua determinación de mantener ocultos los secretos del pasado.

Recientemente, a finales del verano (31 de agosto) del 2019, varios miembros de asociaciones de bebés robados mencionadas en este libro, incluidas **Lidia** y **Marga** (Sevilla y Bilbao) se reunieron con el Papa Francisco en el Vaticano en Roma. Esta fue la primera vez que el Papa acordó reunirse con una delegación de España en representación de víctimas de robo de bebés. Claramente, esto fue visto por las víctimas como un paso adelante en nombre de la Iglesia Católica. Exhortaron al Papa a permitir que los archivos de los registros eclesiásticos de adopciones y nacimientos en toda España se abran y se les dé acceso a las víctimas que buscan la verdad.

Según nos informaron, aceptó hacer lo que pudiera y apoyarlos en su causa.

Sin embargo, como en otras ocasiones en que las víctimas se reunieron con obispos y otros líderes de la iglesia que hicieron promesas de apoyo similares, hasta ahora no se ha producido ninguna acción tangible.

Sin embargo, todavía muchos persisten. Con o sin la ayuda de los que están en el poder.

Ascensión sigue luchando para no ir a prisión por lo que considera simplemente decir la verdad en su caso. Un elemento revelador, su caso continúa siendo contemplado en el aparente daño causado a una religiosa poderosa (su tía) quien, según ella, presuntamente coordinó su adopción ilegal, pero los hechos subyacentes de lo que Ascen afirma no parecen ser cuestionados ni refutados.

En España, cuando la verdad hiere a los que están en el poder parece que ese es el verdadero crimen.

Clara continúa pidiendo al tribunal que anule la adopción de su hija, que según Clara fue una conspiración. Una conspiración coordinada por la jueza que tuvo la custodia legal de ella (Clara) cuando era una menor y ahora es la ministra de Defensa de España, su presunta trabajadora social, quien terminó tomando posesión de su bebé y una abogada que trabajó en contra de los intereses de Clara.

Aunque el tribunal denegó recientemente su petición a finales del 2019, Clara declaró su compromiso de apelar la decisión a principios del 2020.

Su relación con su hija Marina, con quien se reencontró no hace mucho, se ha visto tensa por el estrés de estos procesos y demandas.

Ted, que pudo encontrar a su hermana biológica en España, todavía está comprometido a descubrir la verdad sobre sus padres biológicos y su nacimiento, pero parece que su madre se llevó esos secretos a la tumba.

Mientras tanto, el Dr. Eduardo Vela, a quien recordará, la última vez que hablamos de él, pedía que se aplazara su juicio debido a problemas de salud no declarados, nunca regresó al juzgado. Y aunque nunca presentó la documentación requerida para ausentarse, sin embargo, fue juzgado, declarado culpable y condenado *in absentia*. Sin embargo, el tribunal también dictaminó no imponerle una pena ni encarcelamiento por haber sido declarado culpable, entre otras cosas, de falsificar documentos públicos, coordinar adopciones ilegales y mentir bajo juramento.

La razón que dio el tribunal fue que el plazo de prescripción para presentar tal acusación contra el acusado había caducado. El tribunal rechazó lo que parecía un argumento de sentido común del abogado de Inés, que básicamente era, ¿cómo podría presentar una demanda contra el Dr. Vela hasta que no tuviera alguna razón para creer que fue adoptada ilegalmente y él hubiera estado involucrado?

El poder judicial en España aparentemente no se rige por el sentido común.

Inés y su abogado planean apelar la decisión en la corte suprema del tribunal nacional. Como dice Inés, "no tanto por este caso sino por todas las víctimas a las que no se les debe negar la justicia porque se espera que hagan lo imposible, de alguna manera presentar una denuncia incluso antes de darse cuenta de que fueron adoptadas o tener pruebas para implicar a alguien en específico".

Quizás, la naturaleza intervino donde los jueces impotentes simplemente se apartaron a un lado. El 21 de octubre del 2019, poco después de ser declarado culpable, el Dr. Vela murió rodeado de familiares. Una dicha que se les negará a muchas víctimas en sus últimos instantes de vida.

En cuanto a Inés, aunque nunca pudo encontrar a su familia biológica a través de los laboratorios de ADN españoles, utilizando el laboratorio *23andMe*, con sede en EE. UU., pudo identificar a tres hermanos y una hermana biológicos en su primer intento. Irónicamente, su familia también había estado buscando a su hermana perdida desde hacía mucho tiempo, pero nuevamente, por alguna razón, quizás varias, los laboratorios españoles les dijeron que no había coincidencias. Aunque la madre biológica de Inés murió en el 2013 a la edad de 73 años, Inés y sus hermanos recién encontrados continúan conociéndose y maravillándose de sus similitudes físicas y emocionales.

En cuanto a Enrique, continúa buscando a su madre biológica y trabaja a favor de las víctimas para ayudar a facilitar los reencuentros, y recientemente argumentó el primer caso de víctima de robo de bebés ante el Comité de los Derechos del Niño de la ONU en Ginebra. También continúa colaborando estrechamente con nosotros en proyectos como este libro y futuras películas, y aparece en numerosos programas de televisión en España para ayudar a dar a conocer este tema en toda España y más allá. "Esto", como él dice, "No es algo que haya planeado nunca, pero ahora, es algo que jamás podría imaginar no hacer".

Y así, en cierto sentido, ahora hemos completado el círculo.

Dicen que el mal florece cuando los hombres y mujeres buenos deciden no hacer nada.

Le agradecemos por preocuparse lo suficiente como para leer este libro. Ahora está entre los buenos hombres y mujeres de este mundo que al menos están armados con la verdad de las víctimas de robo de bebés en España.

Lo que decida hacer a continuación con este conocimiento, si es que decide hacer algo, puede marcar la diferencia para las víctimas en todas partes.

Para obtener más información sobre los bebés robados en España y más allá, y las formas en que puede ayudar, visite stolenbabiesofspain.com.

Verdad. Justicia. Y reconciliación.

Glosario

ABRA- *Asociación Bebés Robados de Andalucía*- Una asociación de bebés robados en la región andaluza (sur) de España.

Abuelas de Plaza de Mayo (Argentina)- Organización de derechos humanos creada por abuelas que sufrieron la pérdida de su familia (hijos/nietos) debido a una campaña de secuestro y desaparición por parte del régimen argentino (1976-1983). Junto con grupos de genética e investigación, ayudaron a encontrar muchos, aunque no todos de los aproximadamente 500 bebés (nietos) "apropiados" en Argentina.

A las bravas- Sin reparos y sin pensarlo detenidamente.

ANADIR- Asociación Nacional de Afectados por Adopciones Irregulares.

ANDAS- Asociación Nacional del Derecho a Saber.

Antonio Vallejo-Nágera- Psiquiatra militar cuyas teorías de inspiración nazi sobre la raza, la eugenesia y el control social influyeron en la implementación de las políticas públicas en la posguerra civil española por parte del régimen franquista, encaminadas al control, la eliminación de la disidencia y la represión del pensamiento y la acción contraria.

Archivado- Esto se refiere a la decisión frecuentemente rápida y sumaria de los fiscales en España de archivar o cerrar los casos o denuncias que han sido presentadas para su investigación por víctimas de robo de bebés o sus familiares.

Asociación Sevilla Bebés Robados- Una asociación de víctimas de bebés robados en Sevilla, España.

Asociación Víctimas de Alicante (AVA)- La asociación de víctimas de bebés robados en Alicante, España.

Auxilio Social- Restablecido por decreto ejecutivo poco después de la guerra civil, estos fueron centros para niños y jóvenes que habían sido desplazados, abandonados o huérfanos. Muchos sobrevivientes de estos Auxilios hablan de condiciones horribles, brutalidad y abuso por parte de quienes dirigían estos centros, a menudo sacerdotes.

AVA- Asociación Víctimas de Alicante.

Bestia Roja- término de la jerga franquista utilizado para describir a cualquier persona o grupo de personas que creían en el socialismo o el comunismo o lo apoyaban activamente.

Bocadillos- Sándwiches.

Calumnia- Una ley española que establece sanciones y posibles penas de cárcel para cualquier persona que se considere que ha difamado o calumniado públicamente a otro a través de lo que se dice o de las acusaciones realizadas antes de presentar una denuncia formal. Incluso tener pruebas para fundamentar la acusación pública por sí solo, no es una defensa suficiente. A diferencia de las leyes estadounidenses que proporcionan un espacio más amplio de libertad de expresión, especialmente contra o hacia una figura pública o famosa, la ley española de calumnia es bastante restrictiva.

Casa Cuna- Lugar donde las mujeres solteras embarazadas eran llevadas por miembros de la familia para ocultar su embarazo y tener el bebé para luego ser dado en adopción. Las casas cuna eran regentadas por monjas.

Chalets/pisos de embarazadas- Hogares ocultos donde se mantenía a muchas mujeres solteras, jóvenes y embarazadas hasta el momento del parto, a menudo bajo el control de religiosas.

Comisión de Peticiones del Parlamento Europeo- una comisión permanente que ha elaborado varios informes de trabajo sobre la cuestión de los bebés robados en España y ha publicado varias recomendaciones y sugerencias sobre cómo España puede abordar mejor este problema. Hasta la fecha, España, al menos oficialmente, ha ignorado en gran medida estas recomendaciones.

Corredores de bebés robados- Término utilizado para describir las rutas o zonas por donde se transportaban los bebés robados de un lugar a otro.

Cuerpo de Divulgación- El estricto seguimiento y vigilancia de las mujeres en la sociedad por parte de grupos como la *Sección Femenina de la Falange*, para garantizar el pleno cumplimiento de la ley y la política franquista.

Declaración de Ginebra sobre los Derechos del Niño- Es un documento internacional que promueve los derechos del niño.

Denunciar- Un término legal donde se declara, normalmente en un tribunal, que el demandado o acusado ha hecho algo ilegal o cometido un crimen.

Derecho al silencio/a no declarar- Invocar el derecho legal a no responder preguntas que pueden tender a incriminarle criminalmente. En EE. UU. sería "invocar la Quinta Enmienda".

Día de Reyes- 6 de enero, un día en el que los niños en España reciben regalos para conmemorar a los Reyes Magos que marcaron el nacimiento de Cristo.

Diputación de Aragón- Una institución de gobierno en Aragón, España.

DNI- *Documento Nacional de Identidad*, creado por primera vez en 1944 durante la dictadura de Franco. Es un documento de identificación obligatorio que necesita todo ciudadano español.

Dr. Eduardo Vela- Un ginecólogo jubilado en España, que presuntamente coordinó cientos, incluso miles de adopciones ilegales, robos de bebés y falsificación de documentos públicos. Fue declarado culpable, aunque no terminó cumpliendo condena por denuncias de fraude y falsificación de documentos públicos que presentó contra él su denunciante, Inés Madrigal, en el verano del 2018. Vela murió poco después de su condena.

El Caudillo- junto con el Generalísimo era el apodo dado al exdictador de España, Franco. Es la adaptación española del Führer alemán.

El País- El nombre de un periódico nacional, ahora con una publicación impresa y digital.

El Rey- Es el apodo que le dimos el equipo de filmación de SBOS al gato de Inés.

Encuentro- Un término utilizado por muchas víctimas para describir una reunión de familiares separados hace mucho tiempo o una reunión realizada por primera vez.

España es diferente- Un eslogan de marketing y turismo adoptado por España para intentar mostrar su diversidad como destino turístico.

Eugenesia Nazi- Una teoría genética diseñada para mejorar la raza y producir solo a los más fuertes, eliminando a los que ellos consideraban débiles o con defectos, para implementar el plan nazi de dominación y control.

Eugenistas Nazis- Científicos y teóricos genéticos que trabajaron en nombre del partido nazi.

Exhumaciones- Excavación pública o privada de tumbas con el fin de confirmar o rechazar la existencia de los restos de alguien que debería estar enterrado en el lugar que se está desenterrando.

Falange- (*Sección Femenina de la Falange*)- Un grupo ideológico nacionalista de extrema derecha que alcanzó su apogeo durante la toma del poder de Franco y poco después de la Guerra Civil española. La Sección Femenina de la Falange era un subgrupo que se centró en asegurar la lealtad y la implementación de políticas por parte de mujeres de todas las edades en la España de la posguerra.

Felipe González- Ex primer ministro de España (1982-1996) miembro del Partido Socialista Obrero Español (PSOE).

Fiscalía- (*Fiscal General*)- Oficina del fiscal, similar al Fiscal General o Fiscal del distrito en los Estados Unidos.

Francisco Franco- Exgeneral de las fuerzas nacionalistas durante la Guerra Civil Española y dictador de España entre 1939-1975.

Francisco González de Tena- Sociólogo y autor español.

Gen Rojo- Una teoría promovía la idea de que aquellos desleales a Franco llevaban dentro de su ADN, el llamado gen rojo o predisposición genética al comunismo. Al matar a los adultos que portaban este gen o al menos al robarles sus descendientes y no permitir que sus padres 'rojos' pudieran criarlos, se creía que este 'gen rojo' moriría o sería eliminado en las generaciones futuras.

Generalitat de Catalunya- Es el gobierno de Cataluña.

Guardia Civil- Una fuerza policial militar de España. La agencia policial más antigua del país. Consulte las notas finales del Capítulo 9.

Guerra Civil Española 1936-39- La guerra civil entre los ciudadanos del gobierno legal de la Segunda República española (republicanos) y los seguidores del golpe de estado militar (nacionalistas) por el control de España.

Guillermo Peña- Abogado especializado en representar a víctimas de robo de bebés, representó a Inés Madrigal en el juicio del Dr. Vela.

Hijas de la Caridad- Una de las organizaciones benéficas más conocidas compuesta por monjas, muchas de las cuales trabajaron o se ofrecieron como voluntarias en clínicas donde se alega que muchos bebés desaparecieron o fueron robados y luego vendidos.

Hijo falso- un bebé cuyos documentos oficiales han sido falsificados para que parezca que el bebé es un hijo natural/biológico de los padres registrados/adoptivos cuando esto no es cierto.

Inclusa- Hogar para niños abandonados, aquí se traían bebés no deseados para darlos en adopción, pero se cree que también actuaba como un centro de "blanqueo de bebés" donde las adopciones de bebés robados aparecían falsamente como adopciones legales.

Tanto Raquel como Magaly pasaron un tiempo en la inclusa de Madrid cuando eran recién nacidas, y quedaron documentadas en la *Inclusa* como abandonadas, aunque ambas disputan esta afirmación.

José Luis Rodríguez Zapatero- Ex primer ministro de España (2004-2011) miembro del Partido Socialista Obrero Español (PSOE).

José María Aznar- Ex primer ministro de España (1996-2004) miembro del partido político conservador el Partido Popular (PP).

Jude Kirton-Darling- Miembro del Parlamento Europeo (Reino Unido) que desempeña el puesto de presidente de la Comisión de Peticiones que realizó varios viajes del Grupo de Trabajo a España en relación con el problema general de las víctimas de robo de bebés.

La Prisión de Madres Lactantes- Cárcel creada para presas con niños pequeños y/o embarazadas.

Ley de Amnistía de 1977- Una ley de compromiso nacional aprobada por las coaliciones políticas de derecha e izquierda de España como un medio para permitir una transición más fluida del régimen de Franco a una democracia incipiente. Sin embargo, proporcionó inmunidad para el enjuiciamiento de actos delictivos cometidos antes de esta fecha en relación con temas como víctimas de robo de bebés o crímenes relacionados con la posguerra contra enemigos declarados u oponentes de Franco.

Muchos críticos argumentan que los tratados internacionales firmados por España reemplazan cualquier ley nacional de este tipo cuando se trata de crímenes de lesa humanidad y niños.

Ley de Memoria Histórica- Legislación aprobada durante el gobierno del presidente Zapatero (2004-2011) que provee recursos y programas públicos para enseñar, educar y preservar formalmente hechos, figuras y actos de quienes sufrieron persecución durante y después de la Guerra Civil española. Tanto las víctimas del robo de bebés como los familiares de las víctimas de la guerra civil pueden solicitar y obtener órdenes judiciales para realizar exhumaciones públicas.

Madre Superiora- La monja jefa o directora que está a cargo.

Mafia- Un término que usan muchas víctimas para describir una red criminal u organización secreta de muchas personas, algunas en posiciones de poder, que eran parte del robo de bebés y la venta y/o la facilitación de adopciones ilegales sin el conocimiento o consentimiento de la madre/padres biológicos.

Manuel García Escobar- Un popular cantante y actor Andaluz (1931-2013) más conocido como *Manolo Escobar*.

Marcado/a- Un término que se usa para señalar a alguien que ha sido avergonzado o condenado al ostracismo por la sociedad por algún pasado "pecado" real o supuesto, ya sea por sus acciones o por eventos/circunstancias fuera de su control.

María José Esteso- Periodista de investigación y autora sobre el tema de los bebés robados en España.

Mariano Rajoy- Ex primer ministro de España (2011-2018) miembro conservador del Partido Popular (PP).

MyHeritage- Laboratorio de análisis y pruebas de ADN con sede en EE. UU.

Nacionalistas- El partido político de afiliación de los franquistas, de ideología ultraconservadora.

Neodiagnostica- Un laboratorio de análisis y pruebas de ADN en España.

Nicho- Un hueco en un muro donde se le da sepultura a la persona fallecida.

O'Donnell- Nombre comúnmente dado al hospital de Santa Cristina, llamado así por la calle (O'Donnell) donde se encuentra este hospital.

Opus Dei- Un grupo o secta católica devota y ortodoxa dentro de la Iglesia Católica. Las víctimas creen que los miembros del Opus Dei, en su deseo de proteger a la iglesia, han trabajado y continúan trabajando contra las víctimas y su búsqueda de la verdad, especialmente cuando piden a la iglesia que abra sus archivos de adopción y nacimiento en su poder.

Pablo Rosser- Historiador y arqueólogo del ayuntamiento de Alicante.

Paseo de la vergüenza- Los llamados paseos de humillación pública a las mujeres presuntamente leales a la República o simplemente mujeres que habían sido acusadas de haber desafiado a la autoridad, o de cualquier supuesta "inmoralidad". A las sospechosas se les rapaba la cabeza, se les forzaba a ingerir aceite de ricino y casi desnudas eran obligadas a caminar frente a vecinos mientras defecaban como parte de un proceso para purgar su inherente "perversidad".

Patronato de Protección de la Mujer- Eran centros para adolescentes y mujeres, y si bien la misión declarada era proteger a las mujeres en situación precaria, las sobrevivientes de estos centros a menudo cuentan historias de fuertes abusos sufridos allí.

Pedro Sánchez- Actual Primer Ministro de España (2018-) miembro del Partido Socialista Obrero Español (PSOE).

Pilar Fidalgo- Sobreviviente de las prisiones de Franco y autora de un libro que narra su experiencia mientras estuvo encarcelada.

Pilar Primo de Rivera- Hermana del fundador de la Falange española (José Antonio Primo de Rivera), y líder de la *Sección Femenina de la Falange* bajo Franco. Su padre era Miguel Primo de Rivera, un exdictador de España (1923-1930).

Plazo de Prescripción (Tiempo Límite)- Período de tiempo legal en el que un demandante o una víctima puede presentar formalmente una denuncia. Se llama Estatuto de limitaciones en EE. UU.

Prescripción- El estatuto de limitaciones ha expirado, y ya no se puede presentar o admitir a trámite una denuncia.

Prueba de ADN- Proceso en el que alguien proporciona una muestra de ADN y luego se revisan los resultados para ver si hay coincidencias dentro de la base de datos, para poder encontrar a los familiares/ascendencia de los que se hacen la prueba.

Purgando el Comunismo- Un proceso de depuración del comunismo, generalmente consistía en abusos y torturas humillantes, dolorosas, a veces letales, (a menudo de mujeres) que se creía que eran desleales a Franco.

Putas, rojas, feas y peladas- Insultos y nombres ofensivos y degradantes lanzados contra las mujeres republicanas o las consideradas desleales a Franco.

Racismo Eugenésico- Teoría y política pública que intenta desarrollar y hacer avanzar una raza sobre todas las demás a través de la genética y la reproducción controlada.

Raza Maestra Aria- Término utilizado para describir un objetivo político durante la Alemania nazi en el que solo se desarrollarían y formarían los "mejores" o ciudadanos superiores (raza considerada superior), mientras que todos los demás considerados menos aptos o inferiores gradualmente morirían o serían eliminados.

República de Weimar- Un período de tiempo progresista y socialmente liberal en Alemania justo antes de la toma de control nazi.

Republicanos- Oposición ideológica a los nacionalistas de Franco. Eran fieles a la República, y considerados más liberales o progresistas.

Ruth Appleby- Una víctima de robo de bebé, británica, que alega que su bebé que nació en La Coruña, España, fue robado y vendido. Su caso fue escuchado en el Tribunal Supremo de europeo.

Santa Cristina- Un hospital/clínica en Madrid que presuntamente facilitó cientos, si no miles, de adopciones ilegales y robos de bebés durante varias décadas.

Secreto Sumario- Por orden gubernamental, área a la que el público no puede acceder, se aplicaba y aún se aplica a muchas de las exhumaciones que se realizan en España.

Segunda República española- El gobierno progresista de izquierda en España (1931-1939) que aprobó numerosas reformas, varias de las cuales tenían como objetivo aumentar los derechos legales de las mujeres y reducir el poder de la Iglesia católica.

Sor María Gómez Valbuena- Una monja que trabajaba en la famosa clínica Santa Cristina (O'Donnell) y fue imputada por delitos relacionados con adopciones ilegales y robo de bebés, pero murió a los pocos días de ser formalmente procesada.

Sor Pura- Una monja que supuestamente facilitó cientos, si no miles, de adopciones ilegales y robos de bebés.

SOS Bebés Robados de Cádiz- Asociación de bebés robados en Cádiz, España.

Subnormal- Término despectivo usado para implicar que alguien es menos humano de lo normal.

Taxis de bebés- A conductores de taxis se les pagaba para transportar bebés robados en sus taxis.

Telenovela- Programa de televisión melodramático presentado en capítulos o episodios.

The Lost Children of Tuam- (*Los 796 niños perdidos de Irlanda*) es un artículo extenso publicado por el NY Times que narra la pérdida o el robo de niños en Irlanda debido a adopciones ilegales, el robo de bebés, y el asesinato de esos niños huérfanos, perdidos o abandonados.

Tu Casa- El nombre de una organización en Carabanchel (España) para mujeres jóvenes solteras y embarazadas. Las víctimas alegan que les aseguraban partos saludables para luego realizar ventas exitosas e ilegales de sus bebés a compradores en muy buena situación económica. Sor Pura estaba a cargo de esta organización.

Una joven madre en las cárceles de Franco- Libro basado en un diario de Pilar Fidalgo, una joven madre que sobrevivió a las prisiones franquistas durante la Guerra Civil.

Universidad Nacional Autónoma de México (UNAM)- Es la universidad más antigua de América del Norte (fundada en 1551) está situada en la Ciudad de México.

Valle de los Caídos- Un monumento al exdictador Franco, sus partidarios nacionalistas y la iglesia. Este gran edificio fue construido mediante el trabajo forzoso de los sobrevivientes republicanos vencidos después de la Guerra Civil española y ha sido financiado y mantenido en gran parte con dinero de los impuestos públicos. Albergó el féretro de Francisco Franco hasta el 24 de octubre de 2019 cuando, tras mucha polémica, finalmente fue exhumado y trasladado junto a su esposa, Carmen Polo, al cementerio de El Pardo en Madrid.

Verdad. Justicia. Reconciliación- Eslogan utilizado por muchas víctimas para indicar su misión o por qué buscan.

23andMe- Laboratorio de pruebas de ADN con sede en EE.UU.

300+- El número de entrevistas realizadas en la realización del documental *Bebés Robados de España* y este libro del mismo título.

300.000+- Una estimación del número de víctimas de bebés robados en España, aunque las víctimas insisten que la cifra es mucho mayor.

600.000 a 1 millón+- Número estimado de muertes durante y la Guerra Civil española y la inmediata posguerra. Este número incluye las ejecuciones ordenadas por Franco y los cuerpos enterrados en fosas comunes y cunetas.

Notas

PRÓLOGO

1. Mafia- Aunque originalmente se usó como un término, similar a *La Cosa Nostra*, (italiano - "Lo nuestro") para describir una red criminal organizada y despiadada que operaba en Sicilia, luego se expandió en un sentido peyorativo para describir una amplia gama de redes criminales italianas e italoamericanas, las víctimas en España utilizan este término en un sentido no étnico. Utilizan este término para describir principalmente una red criminal oculta, despiadada y poderosa que opera con impunidad y por encima de la ley. [ver *The Mafia in Popular Culture*, history.com, and *The History of the Mafia* de Salvatore Lupo (USA, 2009)].

2. La Segunda República Española (1931-1939)- Un período progresista del liderazgo y la política española que también desencadenó una reacción ultraconservadora, que alineada con la Iglesia en España ayudó a formar una coalición militar y política liderada por Franco que tomó el poder y derrocó a los líderes legítimamente elegidos de la Segunda República. Bajo esta Segunda República, se aprobó una nueva Constitución española que, en parte, despojó a la nobleza española de cualquier estatus legal especializado al tiempo que garantizaba la libertad de expresión para todos. La nueva constitución también tuvo como objetivo directo debilitar, si no paralizar, el poder de la Iglesia católica en España (Preston 19).

3. Los artículos 26 y 27 prohibieron a las órdenes religiosas ejercer como educadores, limitando la educación de la iglesia y su papel en las escuelas seculares y estableció controles y regulaciones estrictos sobre la adquisición y expansión de las propiedades inmobiliarias de la iglesia (Payne 632).

En parte, el **Artículo 27 dice:** "La libertad de conciencia y el derecho de profesar y practicar libremente cualquier religión quedan garantizados en el territorio español, salvo el respeto debido a las exigencias de la moral pública" (Constitución de la Segunda República Española, Artículo 27, p. 10, congreso.es/docu/constituciones/1931/1931_cd.pdf), y también, "Nadie podrá ser compelido a declarar oficialmente sus creencias religiosas" (Constitución de la Segunda República Española, Artículo 27, p.10, congreso.es/docu/constituciones/1931/1931 _cd.pdf). Bajo el liderazgo de Federica Montseny, la primera ministra española (1936-1937), las mujeres lograron la igualdad legal con los hombres, obtuvieron el derecho al divorcio y al aborto, así como el derecho al voto. Se crearon leyes para proteger a los hijos ilegítimos y se abolió la prostitución legal. Todo esto fue codificado bajo la Segunda República Española. (ver también congreso.es/docu/constituciones/1931/1931 _cd.pdf).

4. Sor María Gómez Valbuena (1925-2013)- Además de los testimonios y declaraciones juradas presentadas como parte de la causa penal de la denunciante Purificación Betegón, quien acusó a Sor María de robarle sus bebés gemelas y venderlas mientras la engañaba diciéndole que las bebés habían muerto, cuando Sor María trabajaba en la clínica Santa Cristina de Madrid. *Véase también* una serie de artículos de *El País* anteriores y posteriores a la acusación y muerte de Sor María (enero de 2013).

5. Antonio Vallejo-Nágera (Ensayos)- Véanse sus ensayos sobre eugenesia positiva y purificación política en *Eugenesia de la Hispanidad y regeneración de la raza* (1937) y *Eugamia* (1938) una política eugenésica implementada a través de la orientación prematrimonial.

6. Fábrica de bebés para el mundo- Según muchas víctimas, esto era simplemente un hecho bien conocido, especialmente durante las décadas de 1960 y 1970. Francisco González de Tena, el destacado sociólogo y autor español a quien entrevistamos, destacó que esto era conocido en todo el mundo e incluso comercializado informalmente a nivel mundial para atraer turistas y consumidores.

7. **Falange**- Antes de la Guerra Civil española, la Falange era un partido político expansivo y ultranacionalista liderado inicialmente por el líder español José Antonio Primo de Rivera. La Falange estaba inspirada en el fascismo y fue luego absorbida por la dictadura militar de Franco siendo el único partido político del régimen Franquista.

INTRODUCCIÓN

1. **Robo de bebés**- Si bien muchos expertos identifican el comienzo del robo organizado de bebés en España en 1939, o justo después de que terminara la Guerra Civil española, la separación involuntaria de madres y sus bebés comenzó antes, durante las hostilidades de la guerra civil en las llamadas "Prisiones de Franco". Estas eran las cárceles donde Vallejo-Nágera hacía sus "pruebas" concluyendo que las mujeres republicanas debían ser separadas de sus bebés por el bien de la nación y para comenzar la "purificación" y eliminación del "gen rojo".

2. **Magistrado de la Audiencia Nacional, el Juez Baltazar Garzón** fue el primero que expuso públicamente la estimación del número de bebés robados en España. Sin embargo, ahora muchos piensan que la cifra es mucho más alta, e incluye las adopciones fraudulentas e ilegales. A menudo escuchamos que el número de 300.000 ahora está en el extremo inferior de los casos y los afectados.

CAPÍTULO 1

1. **Eugenesia Nazi y Eugenistas Nazis**- Eugenesia, como movimiento sociopsicológico ya había comenzado a florecer a fines del siglo XIX y principios del siglo XX (www.britannica.com/science/ eugenics-genetics). En su base, la

eugenesia era, y sigue siendo, una creencia, supuestamente apoyada por la ciencia en ese momento, de que la sociedad moderna tenía la "obligación moral" de mejorar la suerte de la humanidad alentando solo a las personas "más aptas" para reproducirse y tener descendencia (Bowler 309). Los conservadores y eugenistas alemanes, muchos alineados estrechamente con el Partido Nazi, veían a la República de Weimar y su liberalismo como un "organismo enfermo" al cual se le había permitido "entrar en el torrente sanguíneo" de Alemania y "contaminarlo", y a través de la eugenesia estratégica, "purificar la raza" de todos los "elementos débiles e impuros" (www.alphahistory.com/ nazigermany/nazi -eugenics) para que una Alemania nueva y más fuerte florezca de nuevo. De hecho, después de la Primera Guerra Mundial, Vallejo-Nágera comenzó a estudiar e investigar cómo se podría trasplantar la eugenesia nazi a la España de Franco.

2. **Los ensayos** más notables de **Antonio Vallejo-Nágera** sobre sus objetivos de eugenesia para España incluyen: *Eugenesia de la Hispanidad* (1937) y *Eugamia* (1938), y también sus conferencias trataban sobre la necesidad de aplicar la ciencia del racismo eugenésico para "limpiar la raza española" de todos los factores ambientales que "incubaban y nutrían" el inaceptable "Gen Rojo" del marxismo y las deficiencias mentales de todos los republicanos, especialmente las madres y sus hijos (Preston *Spanish Holocaust* 514). Vallejo-Nágera dejó claro lo que pensaba que estaba en juego para España durante la Guerra Civil, "Franco ha sido elegido por Dios para ser el salvador, el '*El Caudillo*' de España y para recristianizar la tierra" (Richards *Morality and Biology* 42). O, como también escribió, "Clamar Franco es clamar 'Dios, España y Tradición'".

3. **Las prisiones de Franco**- Irónicamente, Antonio Vallejo-Nágera, quien argumentó que las mujeres republicanas eran

malvadas, repugnantes e infrahumanas y basó esto en sus encuestas realizadas en estas prisiones e hipótesis preconcebidas, en realidad nunca entrevistó directamente a ninguna mujer, ya que temía contraer alguna enfermedad infecciosa si se acercaba a ellas.

4. Putas, feas, rojas, peladas eran los típicos insultos lanzados a mujeres republicanas o presuntas simpatizantes, *consulte también los términos del glosario.*

5. El diario de la *Señora Fidalgo* relata su experiencia de joven en las prisiones de Franco. Entra en más detalles sobre el trato recibido de sus captores por ella y las otras presas, y cómo la iglesia apoyaba este abuso.

6. Las estimaciones del número de muertes varían, aunque las cifras parecen seguir aumentando y se están descubriendo más a medida que se identifican más fosas comunes en España, ver también *Spanish Civil War/ The Holocaust Encyclopedia* (*encyclopedia.ushmm.org*).

7. Un excelente trabajo sobre el papel de **Vallejo-Nágera** en la aclimatación y ascenso de Franco y sus declaraciones específicas es *The Spanish Holocaust* (Preston).

8. Vallejo-Nágera hablaba a menudo de un **"gen rojo"** y de las mujeres republicanas como **"portadoras del gen rojo"**. (ver *The Spanish Holocaust*, Preston, p. 514) y el ensayo de Vallejo-Nágera *Eugnesia de la Hispanidad* (1937).

9. Paseos de la vergüenza utilizados tanto para degradar y humillar como para mostrar la expulsión del "demonio comunista", ver Hernández, *Mujeres encarceladas: La prisión de Ventas. De la república al franquismo* 1931-1941 (2003).

10. La alianza de Franco, Dios, y la Iglesia Católica ha sido bien documentado, ver como ejemplo, el trabajo de Richards en *Morality and Biology in the Civil War: Psychiatrists, Revolution and Women Prisoners in Málaga* (Contemporary European History 2001, p. 395-421).

11. **Un marcador de comportamiento desviado o rojo** a menudo conducía al aislamiento y al rechazo social o algo peor. Para una buena explicación de la psicología y la estrategia detrás de esta marca, ver Michel Foucault y su trabajo en disciplina y castigo en *Vigilar y castigar*: *Nacimiento de la Prisión* (1978).

12. **La Ley de Adopciones de diciembre de 1941**, así como una serie de reformas relacionadas, hicieron que fuera aún más fácil y legal tomar bebés abandonados, separados involuntariamente o incluso robados, cambiarles el nombre y modificar los documentos para presentar un retrato muy diferente de la ascendencia y las relaciones familiares.

13. **Patronatos, El** *Patronato de Protección de la Mujer* era un departamento de servicios sociales para mujeres creado en 1941, dirigido por la esposa de Franco, Carmen Polo de Franco. Estas instituciones se fomentaron en toda España como una red destinada a vigilar el comportamiento de las mujeres y viendo muy de cerca su comportamiento en lugares como cines, piscinas públicas, fiestas o bailes que potencialmente podrían contravenir las normas de la iglesia en materia de moralidad (Morcillo *En cuerpo y alma* 191). Parte de esta red de escrutinio del *Patronato* incluía redadas callejeras organizadas, alentando y dando seguimiento a las quejas de los familiares sobre cualquier comportamiento "inmoral". A menudo, solo se necesitaba una de esas quejas, aunque no estuviera fundamentada, para que una joven ahora considerada "rebelde" o "descarriada" fuera internada en uno de estos centros del *Patronato*. Una vez allí, abandonar voluntariamente el centro era casi imposible (Grosso 1). Una vez que las menores ingresaban a los centros, sus padres perdían la custodia legal y el *Patronato* asumía todos los derechos legales de custodia de la joven.

14. **Ver en parte** el trabajo de Ricard Vinyes en los *Auxilios*, incluyendo; *Irredentas. Las presas políticas y sus hijos en las*

242

cárceles franquistas (2002) y también *Els nens perduts del franquisme* (2002) de Vinyes, Armengou, y Belis.

15. Auxilio o Auxilio Social eran instituciones donde eran enviados los niños mayores de tres años (abandonados, huérfanos, desplazados) y más difíciles de colocar con familias nacionalistas afines al régimen. Estos lugares ayudaron a consolidar y marcar el dominio de Franco sobre los vencidos. El psicólogo Foucault explica que la tortura debe "marcar a la víctima y tiene como finalidad, ya sea por la cicatriz que deja en el cuerpo, o por la resonancia que la acompaña, a volver infame a la víctima" (*Disciplinar y Castigar* 34). Esto es literalmente lo que el Estado logró en estas instituciones, torturando y abusando con frecuencia de los niños tanto física como psicológicamente.

16. Sección Femenina de la Falange- Dirigida por Pilar Primo de Rivera, hija del del exdictador de España Miguel Primo de Rivera (1923-1930) y hermana de José Antonio el fundador de la *Falange*, implementó el *"Cuerpo de Divulgación"*, cuya misión era asegurar que todas las políticas eugenésicas bajo Franco se aplicaran estrictamente. Esto incluía la prohibición de abortos, un mandato para que las mujeres se casaran antes de tener hijos y una promulgación amplia para asegurarse de que las mujeres "consciente o inconscientemente" no transmitieran el "gen rojo" (Preston 515-516). Ver también *www.mujeresycaridad.umwblogs .org*

17. Ver arriba *Cuerpo de Divulgación*.

18. Las guías de matrimonio y felicidad fueron creadas y distribuidas en 1953 y 1954 por la *Sección Femenina de la Falange* bajo el liderazgo de Pilar Primo de Rivera.

19. Mediante un estrecho seguimiento, escrutinio y uso de sanciones, la *Sección Femenina* jugó un papel clave en el aislamiento y la estigmatización de las madres solteras, esencialmente limitando sus opciones y oportunidades.

243

20. Ver en parte *Defensa de la Hispanidad* (Vallejo-Nágera and Maetzu), Preston (*The Spanish Holocaust*) y para contexto previo, Llewellyn, Jennifer (Nazi Eugenics).

21. *España es Diferente* tenía un doble sentido, uno enfocado en su diversidad dentro del país orientado al turismo occidental (playas, montañas, ciudades cosmopolitas, áreas rurales, desierto) así como un sentido de diferenciación de su período autoimpuesto de política y aislamiento global bajo Franco.

22. Fábrica de bebés- Ver comentarios de Francisco González de Tena.

23. Las víctimas de robo de bebés señalan la evidencia que sugiere que los negacionistas de su problema son financiados y alentados por facciones ultraconservadoras descendientes del *Franquismo*.

CAPÍTULO 2

1. Muchas víctimas que nunca antes se habían conocido ni estaban al tanto de los casos o historias de otras familias, compartieron testimonios casi idénticos de monjas, enfermeras, médicos o sacerdotes que les dijeron que eran jóvenes y que podrían tener más bebés o que simplemente les dieran amor y atención a los niños que ya tenían, después de haberles mentido diciéndoles que sus bebés habían muerto.

2. Realizamos **más de 300 entrevistas** con víctimas y activistas entre el 2015 y principios del 2020. Estas entrevistas incluyen aquellas dentro y fuera de la cámara, en persona y, en algunos casos, por teléfono. En este libro, las entrevistas que hemos compartido, a excepción de los casos de Enrique Vila, han sido transcritas y extraídas de estas entrevistas exclusivas en forma escrita para esta publicación.

3. Periodistas como María José Esteso han escrito extensamente sobre el Dr. Vela y las acusaciones en su contra por el uso de bebés congelados muertos para engañar a las nuevas madres haciéndoles creer que su bebé había muerto. Una periodista francesa filmó con una cámara escondida una reunión con el Dr. Vela donde este parecía admitir haber realizado tales actividades, o al menos haber participado en la falsificación de adopciones.

4. "Todas lo sabíamos"- En nuestra entrevista con la exmonja de la sociedad de las Hijas de la Caridad, Carmen del Mazo, dejó claro que la coordinación y el robo de bebés no fue casualidad.

CAPÍTULO 3

1. Archivado hace referencia a los casos presentados por las víctimas de robo de bebés que, a discreción exclusiva del fiscal o del juez, se archiva el expediente en espera de algún cambio o pruebas adicionales. En particular, la carga de la investigación, el acceso y recopilación de pruebas recae en la víctima, no en el estado. Cuando se cierra el caso significa que el expediente se archiva permanente y no se puede volver a abrir.

2. Un hijo/a Falso se refiere a los documentos oficiales asociados con los bebés que los muestran como si fueran hijos biológicos de los padres adoptivos. Esta práctica hace que sea aún más difícil para los bebés robados o los bebés adoptados ilegalmente localizar a sus verdaderos padres biológicos años más tarde cuando ya son adultos. Esto se diferencia de otras adopciones donde los padres adoptivos se identifican claramente en los documentos oficiales como padres adoptivos y no como padres biológicos de su bebé (adoptado).

3. La presentación en 2011 de una denuncia conjunta por Enrique Vila y Antonio Barroso que consistió en más de 260 casos de víctimas de robo de bebés, pero que fueron luego separados y divididos en las *fiscalías* regionales y locales que muchas víctimas creen que ayudó a mitigar el impacto y el poder de esta demanda colectiva.

4. Espina Bífida- La malformación de la columna vertebral evidente al nacer, aunque relativamente rara, aparece con más frecuencia en mujeres como Eva P. que en hombres.

CAPÍTULO 4

1. Calumnia- Como se comenta brevemente en este libro, no es igual, aunque es similar a las leyes civiles en los Estados Unidos como la calumnia (verbal) o el libelo (escrito) e incluso algunos elementos de difamación de carácter o reputación. Sin embargo, cuando la evidencia de decir o escribir la verdad se considera refutable a cualquier afirmación de irregularidad en los EE. UU., En España, incluso con evidencia de su parte, es posible una pena de cárcel si no se sigue primero el "protocolo de acusación" adecuado.

2. Nos tratamos de comunicar con la Ministra de Defensa de España (en el 2018) para que respondiera a las afirmaciones hechas por Clara, sin embargo, hasta la fecha (2020) no hemos recibido respuesta.

CAPÍTULO 5

1. La Presidenta de la Comisión de Peticiones del Parlamento Europeo, Jude Kirton-Darling (Diputada británica) se entrevistó con nosotros en el 2019 y compartió su visión sobre las frustraciones de muchas de las víctimas debido a la falta de seguimiento por parte de las autoridades españolas con las recomendaciones y peticiones internacionales.

2. Opus Dei formalmente, la Prelatura de la Santa Cruz y El Opus Dei, es una institución poderosa e influyente dentro de la Iglesia Católica con sus prelados o líderes designados por el Papa. También es conocida por el fervor de sus miembros, su estricta ortodoxia, y ha sido descrita como reservada, casi de culto y obsesionada en proteger la reputación de la iglesia tanto en películas como en novelas de ficción. (ver *The Da Vinci Code*

2006 IMDB), *Da Vinci Code* (Novela, 2003, Dan Brown), *Opus Dei Unveiled* (2006), y *Opus Dei* (2016).

3. Cartas al Papa (Enrique Vila)- Título completo, publicado por primera vez en italiano en el 2018 (*Lettere di un bastardo al Papa*) y en el 2019 en español (*Cartas de un bastardo al Papa*).

4. La ley que permite a todos los niños adoptados acceder a los registros y nombres de sus padres biológicos se aprobó por primera vez bajo la Administración de Aznar en España.

CAPÍTULO 6

1. Las teorías de Foucault incluyen el biopoder, la supresión de género y el concepto de estar "marcado" tanto física como emocionalmente. Esto se impone casi exclusivamente sobre la clase oprimida y necesitada y en España, tanto los niños como las mujeres republicanas o presuntos simpatizantes de izquierdas no leales a Franco fueron marcados de manera cruel, abusiva y humillante, a veces, terminando en la muerte.

2. Varias víctimas que entrevistamos compartieron experiencias similares de su estancia en los **Patronatos** o **Auxilios**, como se describe en este capítulo y en el Capítulo 1.

3. North Hollywood se encuentra en la región este del Valle de San Fernando en la ciudad de Los Ángeles en California. Tiene unos 88.000 habitantes y una gran población hispana.

4. El Pacto de Madrid de 1953 fue firmado entre Estados Unidos y España en un esfuerzo por incrementar la cooperación política, social y militar entre estas naciones, y permitió una presencia militar (bases militares) de Estados Unidos en España.

5. Las entrevistas y testimonios compartidos en el Capítulo 6 sobre Sor María Gómez Valbuena están extraídos tanto de los casos de Enrique Vila, de nuestras propias transcripciones de entrevistas (2015-2020), como del artículo de *El Mundo* "*Los secretos de la gran ladrona de niños*" (Arroyo 12/2013).

6. Sor María Gómez Valbuena fue procesada para enfrentar un posible proceso penal derivado de las acusaciones de conspiración y presunto robo de las bebés gemelas de Purificación Betegón. Pocos días después de comparecer ante el tribunal se informó de su muerte y de que su cuerpo fue incinerado de inmediato.

CAPÍTULO 7

1. Cuando nos dijeron que estaba prohibido filmar, incluso en una calle pública, estábamos filmando el exterior de un convento de las Hijas de la Caridad donde había trabajado Sor María Gómez Valbuena.

2. Cuando nos abordaron en un cementerio, estábamos al aire libre en un cementerio municipal de Alicante, España.

3. Aunque las cámaras y toda filmación están prohibidas en el interior del monumento del *Valle de los Caídos*, observamos a varias personas tomando fotos, filmando y lo que parecían ser niños en edad escolar pisando la lápida de Francisco Franco. También nos llamó la atención que diariamente se colocan flores frescas en la lápida del exdictador Franco y el fundador de la Falange José Antonio Primo de Rivera.

4. En el 2018, el Parlamento español votó en la **"Moción de censura"** contra el entonces Primer Ministro Mariano Rajoy (Partido Popular) como cabeza de un partido político conservador y coalición gobernante, siguiéndole la investidura del actual Primer Ministro Pedro Sánchez del PSOE, un partido político socialista.

5. Augusto Pinochet Ugarte (1915-2006) fue el dictador chileno que mediante un golpe de estado derrocó al presidente del gobierno democrático, Salvador Allende en 1973. Fue acusado de diversas violaciones de derechos humanos y crímenes de lesa humanidad durante sus años en el cargo.

CAPÍTULO 8

1. Guillermo Peña se está dando a conocer como el abogado de los bebés robados por su voluminosa representación legal de muchas víctimas con casos y denuncias abiertas.

2. Felipe González fue el Primer Ministro de España entre 1982 y 1996 y miembro del PSOE (*Partido Socialista Obrero Español*) quien reformó la ley 21/1987 del 11 de noviembre en materia de adopciones.

CAPÍTULO 9

1. La Guardia Civil es la agencia policial más antigua de España, de naturaleza militar ocupa funciones de seguridad y de control civil. Está bajo el control formal del Ministerio de Defensa y el Ministerio del Interior. Fue fundada en 1844 por la reina Isabel II, inicialmente como una fuerza especial para proteger a la realeza.

2. El Dr. Vela nunca regresó al juicio. Su abogado argumentó que estaba demasiado débil para continuar, se emitió un veredicto "*in absentia*" (latín) o "en ausencia" y murió poco después del veredicto.

CAPÍTULO 10

1. Las estimaciones y cifras utilizadas en este capítulo que describen la epidemia de robo/secuestro y tráfico de bebés y niños, así como su venta, se tomaron de los informes más recientes de las Naciones Unidas sobre estos temas, así como del informe anual de la Organización Internacional del Trabajo (OIT) sobre el trabajo infantil forzoso y la trata de niños.

2. Uno de los hechos más notables y menos mencionados es el papel de los EE. UU. históricamente, como el principal consumidor en cuanto a la gran cantidad de adopciones ilegales o irregulares y la trata de bebés, así como el robo y venta de bebés nacionales (de EE. UU.). El caso de Tann en Tennessee es el más conocido, pero no es el único. (*Beulah George "Georgia" Tann, 1891-1950,* su zona principal de operaciones fue Memphis, TN).

3. Laboratorios nacionales de ADN en España- Sigue siendo un sentimiento muy común entre las víctimas en España que los laboratorios españoles, algunos de los cuales son propiedad del Opus Dei u operados por ellos de forma privada, no son confiables. Como resultado, cada vez más víctimas recurren a las pruebas de ADN y los laboratorios con sede en EE. UU. Como *23andMe, MyHeritage* o *Ancestry.* El problema es que muchos de los familiares que buscan las víctimas aún no están en esas bases de datos.

4. The Irish Examiner y AP News han seguido esta historia, a nivel nacional e internacional. Véase en particular, Winfield, Nicole y de Cristofaro, Pietro, *"Pope apologizes for 'crimes' against Irish women and babies"* (El Papa se disculpa por los crímenes contra mujeres y bebés irlandeses) (26 de agosto de 2018).

Los Autores

Greg Rabidoux es un galardonado director de cine documental (*Bebés robados de España*) y coautor de *Bebés robados de España: El libro*, así como autor de *Hollywood Politicos, Then and Now* (2008) y obras de teatro que incluyen; *Red Scared* y *The Diva*. Greg también ha aparecido como actor en películas, incluida *Death at Dinner*. Es cofundador de ValMar Productions Inc. y ValMar Films. Tiene un doctorado, con especialidad en política y cine, y un título en derecho de la facultad de leyes de Marquette University. Actualmente, dirige la preproducción del próximo documental *Stolen Babies of Serbia*.

Maravillas (Mara) Lencina es Productora Ejecutiva del galardonado documental *Bebés robados de España* y coautora de *Bebés robados de España: El libro*. Mara es originaria de Alicante, España. Mara ha realizado más de 300 entrevistas con víctimas tanto para la película como para su tesis doctoral (Dando voz a los que no tienen voz: Testimonios de víctimas del robo de bebés durante la dictadura de Franco). Mara tiene un doctorado de Florida State University y es profesora en HGTC en Carolina del Sur. Es cofundadora de ValMar Productions Inc. y ValMar Films. Mara es una exjugadora de tenis profesional de la WTA.

251

Enrique Vila Torres es un conocido defensor y abogado de víctimas del robo de bebés que se especializa en facilitar encuentros o reuniones de familiares separados. Ha representado casos a nivel internacional, incluso ante las Naciones Unidas, es un invitado experto frecuente en la televisión española y un autor prolífico sobre este tema, entre sus libros: *Cartas de un bastardo al Papa* (2019), *Hijos de otros dioses* (2013) y *Bastardos* (2010). Enrique también es una víctima y continúa la búsqueda personal de su madre biológica. Vive en España con su familia.

Para obtener más información sobre las víctimas del robo de bebés de España y su búsqueda de la verdad, justicia y reconciliación o para saber cómo puede ayudar, visite la siguiente página web:
www.stolenbabiesofspain.com

Para obtener más información sobre el galardonado documental *Bebés robados de España*, visite:
www.stolenbabiesofspain.com
www.facebook.com/stolenbabiesofspain
www.imdb.com/title/tt11219178/